人 間 行 旅

五位中年男女的人生壯遊

陳福成・方飛白
吳明興・范揚松
莊雲惠 著

文 學 叢 刊
文史哲出版社印行

國家圖書館出版品預行編目資料

人間行旅:五位中年男女的人生壯遊 / 陳福成，
方飛白，吳明興，范揚松，莊雲惠著. -- 初版
-- 臺北市：文史哲出版社,民 110.12
　　頁；　公分 --（文學叢刊；451）
　　ISBN 978-986-314-581-3（平裝）

863.51　　　　　　　　　　　110021272

文　學　叢　刊　451

人　間　行　旅
五位中年男女的人生壯遊

著　　者：陳福成・方飛白
　　　　　吳明興・范揚松 ・莊雲惠
出版者：文　史　哲　出　版　社
　　　　　http://www.lapen.com.tw
　　　　　e-mail：lapen@ms74.hinet.net
登記證字號：行政院新聞局版臺業字五三三七號
發行人：彭　　　　　正　　　　　雄
發行所：文　史　哲　出　版　社
印刷者：文　史　哲　出　版　社
　　　　　臺北市羅斯福路一段七十二巷四號
　　　　　郵政劃撥帳號：一六一八〇一七五
　　　　　電話886-2-23511028・傳真886-2-23965656

定價新臺幣四〇〇元

二〇二一年（民一一〇）十二月初版

華文現代詩第八期出刊暨童詩園遊會

在歐洲大學講課

在《秋水》詩屋朗詩

中庸學會康樂活動

2019.6.7

上圖：中庸學會康樂活動

下圖：台大校本部校園一景

上圖：於海南省南海與菩薩合影

下圖：大人物詩友會

詩友於范教授辦公室餐敘，並欣賞張夢雨書法作品。

大人物詩友「三公」

上圖：大人物詩友會

下圖：詩友知交餐敍酒聚於神秘餐廳，鴻妹廚藝精湛，加上服務好極受大家歡迎。乾一杯！

應吳家業大律師之邀赴寶山水庫（吳律師老家在水源頭），
健行、泛舟、採柚子，做一日遊。

與大詩家高準等前輩共聚范揚松辦公室餐聚、
飲酒及交流詩藝。此類餐敘一年辦十餘場。

范范詩友群赴中壢拜訪書法瓷刻大師張夢雨，觀摩
其書法創作。另亦安排訪徐仁崇大畫家。

詩友相約赴麗晶酒店，參觀畫展並拜訪國際油畫
大師陳錦芳博士。（陳博士自創新意象畫派）

　　詩友相約拜訪老詩家羅門的燈屋，羅門暢論其創作與
藝術見解，見證其偉大的心靈。

　　每年秋季邀詩友赴寶山水庫採柚泛舟，感受農家樂
或露天音樂會，各顯才華，盡情展演。

范揚松應邀赴廣東中山大學總裁班授課。（住三晚國父曾住宿的黑石屋別墅，授課地點為小禮堂。）

范揚松應華南師大授 EMBA 課程後，赴佛山參訪
陳良心教授工作室，並參與詩畫展

范揚松在深圳大學授 EMBA 課程後，由珠海赴澳門與
妻兒會合參加政大新聞同學同遊澳門景點！

范揚松赴上海交大 EU 碩博班授「戰略管理」課後，與學員同
遊錦溪沈墓、田子坊文創及上海劇院馬戲團。

方飛白遊印度，在印度聖雄甘地墓前留影。（1987年攝影）

與友人同遊約旦，佩特拉玫瑰石頭城。（1983年攝影）

曾住東普寨二年,多次參觀金邊國立博物館,與巨
型石雕 Garuda 合影。

遊泰國,在動物園與老虎合影。(1984 年攝影)

沙國石油部長 Ahmad Zaki Yamani 專機來訪台北，與沙國駐台
大使陪同，並贈拙作給部長。

莊雲惠於日本大阪（攝於 1992.07.08）

上圖：2012 年 12 月攝於於美國大峽谷

下圖：2019 年 03 月攝於土耳其

上圖：2019 年 7 月攝於新疆

下圖：2019 年 3 月攝於克羅埃西亞

人 間 行 旅

五位中年男女的人生壯遊

目　次

序

緣　起：從愛河流域到人間行旅

倭寇戰敗投降以去，臺灣列島光復後，國府亡臺以還，在內戰隨時會被重啟，冷戰隨時會變熱戰當際，生在臺灣的戰後嬰兒潮一代人，成長於風聲鶴唳的亂世，早在「畧識之無」的「志學」之年，慧心獨具者，俱已少年老成到備嘗「人生不滿百，常懷千歲憂」的苦況。至若苦悶無已而又找不到身心出路者，或秉燭夜遊，及時行樂，而為混世魔王；或在白色恐怖的鐵拳下，對臺北當局心懷不軌，最終走到民族及國家的對立面，成為背祖叛宗的洋奴與內部敵人；或把自己關進象牙塔，竟日寫喫臺灣米、喝臺灣水，卻不敢正視臺灣現實社會處境，與國際困局為何的詩篇自瀆。然則，時光易逝，誠如風人詩云：「行邁靡靡，中心如噎。知我者，謂我心憂。不知我者，謂我何求？」昨日的懷憂少年，轉瞬間竟已行年「耳順」，也已醒悟詩骨何以浩歌「前不見古人，後不見來者」？詩僊何以喟然「歎息光陰逝」？詩佛何以行吟「浮生信如寄」？詩聖何以還在為「動如參與商」的我輩中人，徒呼「世事兩茫茫」？莫怪深於世出世法的東坡居士，也要為之「哀吾生之須臾」！而這恰恰都表明了，人生不過是「天地逆旅間」，「歲月催行旅」的過客。記得四十幾年前，還在

讀高中時，風華正茂的我，久久駐足臺北中山博物館中，屏氣凝神，細讀范寬《谿山行旅圖》，靜觀畫幅潛文本背後深層的象徵意涵，而為走在氣勢磅礴，重逾百千萬億鈞的碑山前，緩行於羊腸小徑上，從來處來，形影渺小，但卻神情泰然自若，負著行囊，欲往去處去的旅人所震撼，亦且餘波在心海蕩漾至今。祇今范揚松教授，於入夏茶敘次，繼民國一百零三年，擬題並召集我輩鷗盟，輯出情詩，彙編合集《愛河流域》出版後，又與我人心所同然的據范寬「行旅」之意，賦題《人間行旅》，當席贏得響應，並請莊雲惠共襄盛舉，仍由方飛白董理編政，復請程國政教授寫跋，是為成書緣起。

神州行旅：陳福成詩思速寫

截至今年七月為止，本肇居士陳福成教授，已出版發行包括兵學、政治學、史學、文化學、方志學，國防通識教科書、現代詩研究，現代詩、小說、散文創作，與翻譯等跨數十個專業學術與文學創作範疇的著作，凡一百三十六部，是我輩中人，百不一見，學養富贍，器識宏深，才德兼備，修為淵雅的詩人。唯久享軍事學家盛譽，致雖已出版十數部詩集，詩名反倒隱而不彰。祇是詩人亦不以此措意，以詩為其等身著作餘瀋之故。既是以大著作之餘墨寫詩，自然不與祇為寫詩而寫詩的無病呻吟之徒沆瀣一氣，而自具「感時思報國，拔劍起蒿萊」的愛國、愛鄉、愛家情操。是以輯入本書中的作品，率皆晚近行旅神州所親見、親聞、親受者。民國七十六年底，臺北當局先是自行終結挾持臺灣地區所有人民，違憲長達三十九年的〈臺灣省政府臺灣省警備總司令部佈告戒字第壹號〉戒嚴令，接著自廢挑嗦臺灣地區人民，憎

惡大陸地區人民以「漢賊不兩立」，馴致分離主義勢力擡頭，並投靠美國意圖長期分裂我國，使之以華制華等外國勢力，得以通過選舉制奪權者的仇恨思維，拆毀臺灣地區箝制人民行動如桶箍般的銅牆鐵壁，開放大陸探親，恩准民國三十八年，或自願追隨國民政府南京當局者、或在國軍往東南撤退的路上沿途被抓兵抓夫者，舉國倉皇亡臺的兩百萬國民，第一次出國是為了在客死異鄉之前的風燭殘年，拄著拐杖狂奔、坐著輪椅飛馳回國返鄉，而在死前還來得及以昏花的老眼，見上血親一面，縱情哭訴離愁的夙願。然則，做為北京當局眼中的「臺灣軍魂」，受制於臺灣地區的內法，未能及時親見大陸地區，為因應國內外局勢的變化，而以其破釜沈舟的決志，暫時放下與第一世界唯務政治意識形態鬥爭的教條主義，改弦更張，復歸意在「超英趕美」舊調的務實戰畧，所轟轟然拔起的改革開放潮頭，是何等壯觀！幸其生而有幸，得能在「耳順」之年，數數重回父執輩僅能神遊不已，終至再也看不清真實形影的故國，先是以遊子孺慕故家之情，領受五千年文化如家醪般的洗塵，再為以「如此多嬌」的「江山」所喚醒的民族基因，報以心領神會的微笑。唯其今次回家，目擊被西方侵畧殖民帝國主義強盜聯手掠奪到一窮二白，致國家淪為次殖民地，民族自信心幾乎喪失殆盡，唯餘忍辱含垢以求生的無產階級，竟然在手無寸鐵、囊空如洗、巴黎統籌委員會會員國對之實施科技產品禁運和貿易限制的絕境中，僅用短短一代人的三十來年，便迅速崛起，而且復興起來，站起來挺直民族堅如鎢鋼的脊樑，從而得以在國家民族遭到西方強盜長達百年的屈辱之後，勇於用平視的眼光，與之平起平坐，進而成就讓詩人陳福成在「數風流人

物，還看今朝」的當下，「回到漢唐」，回到讓人同聲揚眉吐氣，光宗耀祖的中華盛世，並秉持春秋大義，由衷感動的說：「只要中國得救，成功不必在我。」

文化行旅：方飛白詩思速寫

　　自十九世紀西方近代學術專業化分科以來，把文化或文明做為一個獨立學門或學科來看待，便紛紛進入探討與此有所交集的任何學門或學科者的視域，並試圖在各自的論域裏，給出各自不同但卻無法放諸四海皆準的限定定義或操作性定義。就文化學本身也已被確定為一個跨任何學門或學科範疇的獨立學門或學科來看待，持不同見地的文化學者，所各自給出祇在其論述語境中適用的限定定義或操作性定義，照樣無法在文化學的範疇之內建立標準定義。祇因「文化」一詞，做為人類認識自身相對於自然的運動規律與表現形態的任何活動而言，涉及到人類以智力及人力改變一切自然物質的創造性行為與成果，且由此一創造性行為而外顯出來，並賦予內在心理活動狀態所呈現的人文精神，而人文精神風貌，往往別具個人、民族、民族與民族不同的特殊性，然其特殊之所以特殊，不外能創造的人類，自人類文明史進入包括文字發明及使用之前，而在考古學範疇有實物孑遺可徵的信史時代以降，便存在不同狀態之故。如創造的個體不同，表現風格自是有別，而且就個體本身來看，還有前期後期等不同時期之分；又如民族相同，卻因生存地域與生活形態的差異，而發生彼此相互接受或分化發展的殊異現象；再如民族不同，所給出改變一切自然物質的創造成果，及所呈現出來的人文精神，本自不同。就接受史觀來看不同民族的文化，

在民族擴充生存領域以獲取更多資源而彼此遭遇時，不是因相互格拒而爆發武力衝突，進而引發文化對抗，便是在求同存異的前提下，進行善意的良性交流，從而在會通的過程中相互銷釋，而為本民族的文化，帶來更新的契機，與進步的動力。準「文化」一詞，沒有各自學門或學科所能以其限定定義或操作性定義，做為一體適用的標準定義以觀，這已足以從「文化」的本質上表明，「文化」祇能是一個客觀的中性詞，任何主觀的指涉與猜想，甚至像基督教文化以戰爭手段，對伊斯蘭教文化與中華文化的長期霸凌那樣，都必有片面臆斷之失。如就人與自然的關係與人自身的作為來看文化的功能，我們的老祖宗，早在兩千五百年前，就指出了文化的特質何在？如《周易‧上經‧賁卦第二十二‧象辭》說：「分，剛上而文柔，故小利有攸往，天文也；文明以止，人文也。觀乎天文，以察時變；觀乎人文，以化成天下。」從當代總體的世界格局來看異質文化，我們的老祖宗，也早在兩千五百年前，就給出如今仍具有指導意義的指示，如《禮記‧曲禮上第一》說：「入竟而問禁，入國而問俗。」這說明了在國際交流往來頻繁的當今，在我人面對異質文化時，不論接受與否，都務必摒棄先入為主、高高在上，乃至自以為是以論優劣的主觀偏見，用虛懷若谷的客觀視矚，以眾生平等的立場，用「敬人者人恆敬之」的尊重態度，等視域外的一切文化。值得注意的是文化學做為一個獨立學門或學科，興起於二十世紀初，發展不及百年，便引起了學界廣泛的探討，並在二十世紀晚期，出現「文化詩學」的研究，祇是迄今為止，還沒有看到像詩人方飛白這樣，以異鄉人的身分，自述親歷實地考索異質文化，並有意識的打從心裏引發同情的共鳴，

而且表明與之相應的發想根據，同時將之轉化為語料，進而以其所感所思做為創作的書寫進路，最終以漢語現代詩的表達形式體現出來。但我要說的是這種詩的創作技巧與論述，自古有之，如我國《詩經》中的雅、頌，詩史不絕書的詠史詩，及其他民族的一切史詩，如美索不達米亞的《吉爾伽美什》、希臘的《奧得賽》、巴比倫的《埃努瑪·埃利什》、印度的《羅摩衍那》，甚至是我國西藏的《格薩爾王傳》等等，祇是在古代的詩篇中，詩人既沒有參與到詩文本中，也沒有在詩文本外說出來由，反倒需要慧地法師幫著指出，如《文心雕龍》，卷第六，〈神思第二十六〉，慧地法師說：「文之思也，其神遠矣。故寂然凝慮，思接千載；悄焉動容，視通萬里；吟詠之間，吐納珠玉之聲；眉睫之前，卷舒風雲之色。」

商道行旅：范揚松詩思速寫

詩人范揚松在大時代變遷中，成就了遊各國的講學詩。

至聖先師孔子，周遊列國講學，在魯哀公十一年，六十六歲時，「自衛反魯」，最重要的工作，便是把「詩三千餘篇」，「去其重」後，分門別類，使「雅、頌各得其所」，彙編成「三百五篇」，而為影響千秋萬世的《詩經》，祇是自稱「述而不作」的孔聖人，雖僕僕於道途，卻於宣講孫中山先生所說的「堯、舜、禹、湯、周文王、周武王、周公」的「道統」之暇，並不因「感時鬱鬱匡君罟」，而大發鬱勃的詩興，何況形諸筆墨？十一屆中央委員第三次會議後，當時的大陸地區，為防止外部經濟勢力進入內地後，在大陸人民社會主義特有的無產階級的意識形態中，發生朝向資本主義特有的資產階級的意識形態變衍並傾斜的和平演變，而採行政左經右的雙

軌策畧，使社會主義計畫經濟得以順利朝向社會主義市場經濟轉型。問題是文化大革命時期，在學知識青年，全都上山下鄉插隊落戶去，去「接受貧下中農的再教育」，高等學府的教職人員，也全被貶為牛鬼蛇神，圈進牛棚改造，而成為黑九類的墊背臭老九，致正規的學校教育，陷入長達十年的空白期，如此一來，緊接著施行改革開放政策，重彈「四個現代化」老調，便發生具足現代化專業知識學養者的人才斷層，造成沒懂得資本主義市場經濟的專家可用的困難，就算再把被平反的臭老九，用八擡大轎恭請回講臺，也因早已與第一世界嚴重脫節，加諸滿心杯弓蛇影，而不敢接續文化大革命前，風行一時的「百花齊放、百家爭鳴」的「雙百方針」，無所疑忌的「大鳴大放」，致有徒法不能以自行之惑。然則，有道是「山不轉路轉，路不轉人轉，人不轉心轉」，豈不聞古德說，「遠來的和尚會唸經」？是以商聖陶朱公的族裔、大人物管理顧問公司董事長，被學界學者與業界專家評為「哈佛百大管理名師」的范揚松教授，便於家中坐次，紛紛收到來自大陸地區，由喫大鍋飯的國營企業，推出政企分離之策，下放經營權，轉為自負盈虧的事業體，以及新興的民辦企業，與高考恢復後的各大學，需求經濟學者與管理學教授孔急之際，邀請前往演講的函件，與敦聘開課任教的教授聘書，於焉趁著三通通郵之便，交馳於粵港臺之間，如雪片般飛來。此時的范揚松教授，幾乎經年在大陸地區各大企業與大學中，搭乘飛機，席不暇煖的天南地北講學去。足跡所至，地域之廣，有逾於孔子周遊列國者，不知凡幾！而弟子有逾於孔門三千者，又不知凡幾！最初幾年，一年之內，穿梭各大城鄉，為企業培訓經理人，做專題演講，多達三四百場，為

學校排得緊鑼密鼓的專業學程，誨人不倦，傾囊相授，致在大學商學院讀書時，就已詩名技壓文學院的文學生，而廣為臺灣地區現代詩壇所青目的詩人范揚松，竟無暇再秉詩筆，為行旅所至的形勝江山，於偶或「感時花濺淚」的當下，踵武詩聖，為原鄉或賦〈春望〉、或賦〈秋興〉。直至晚近十數年來，范揚松教授所曾前往講學的社會主義市場經濟企業體，俱已在全球範圍之內，以其體量鉅大的產能，征服第二級產業早已因跨國外移而空洞化的資本主義經濟市場，並自覺的由勞力密集的流水線代工組裝，朝知識產權自主的高新尖科技智造之路，像「飛龍在天」那樣，直衝雲霄而上，且「得天下英才而教育之」的大學生，也早已以第四級產業的管理專家之姿，成為各大企業體暢行於一代一路上的高階經理人與業主，或在深造有成之後，接下學術衣缽，回到大學講臺，為作育英才，貢獻新學，庶不負師教。祇今，僕僕於商道的教授范揚松，準其〈講學趣〉所說，既是孔子「《詩》，可以興，可以觀，可以羣，可以怨」的信徒，也是「文以載道」的奉行者，允宜多為親身參與並親眼見證的大時代，之所以如此因革損益，進而日新其業，同時強而有力的帶動百年積弱的中華民族，迎來功蓋漢唐的民族復興，而將孜孜於商道的講學行旅，所開顯足堪媲美太史公之所以在《史記》專立〈貨殖列傳〉的器見，用其所擅長的現代詩的語言與形式，把講學內容做為成詩的發想起點及語料，予以拔萃出來，使之成篇，並將之昇華到具足時代風華的精神高度，從而開拓我國現代詩以詩做為商道載體的全新書寫範疇，是名詩人范揚松。

心靈行旅：莊雲惠詩思速寫

　　儘管宇宙灝瀚，髣髴邈無邊際，實則「森羅萬象，不離兩儀所育」，乾綱坤德，雖各有大用，然就「天氣上，地氣下，人氣在其間」，諦觀人的生息與天地相應，須臾不離，其一體與共之理，誠如《春秋繁露》，卷第十三，〈人副天數第五十六〉，董仲舒所說：「人有三百六十節，偶天之數也；形體骨肉，偶地之厚也；上有耳目聰明，日月之象也；體有空竅理脈，川谷之象也；心有哀樂喜怒，神氣之類也。」是以張君房在《雲笈七籤》，卷第四十四，〈鎮神養生內思飛仙上法〉中，指出人的五腑六臟，及於髓海，乃至血之餘的頭髮，都各有其神，如說「腦神名精根」、「眼神名明上」、「心神名丹元」，從而揭示人的本身就是小宇宙的真理。如就詩眼以觀大宇宙、小宇宙，那麼，善於隨順節序推移〈走進春天〉，與乎〈遇見金秋〉，敏於以詩心〈喜遇春花〉，體貼〈荷事〉，妙於以詩耳靜靜「聽風、聽雨」的同時，聽見自己「心靈跳動的聲音」，聽見詩神的呼喚，喚起自覺自己就是慣於「徜徉詩國」的「心靈行旅者」，具見詩人莊雲惠不離初心所「渴望」的「自由自在」，正是把「一花一世界」，「融入」尋常「生活」的「感動」。然則，詩人既「帶著詩思」在世界「漫遊」，並習於以「旅行與出遊」，為「生活」尋找全新的感動，為實踐詩的創作，彈奏「另一種變奏」的新篇章，那麼，就不宜以「只要能避居一處詩境」為已足，合當把整個春花秋實以時、雨露均霑的大地，視同隨時可以揮灑詩思的彩箋，率性追尋任爾陰晴莫測，卻亙古如恆的日月星辰，而與爾同光，允宜海德格爾要為荷爾德林的詩句：「充滿才德的人類　／　詩意地棲

居於這片大地」，「以敞開的生命置身其中」，而真實的體會
到，荷爾德林在寫給友人的信中，所說的「我感到這世界比
以往更為敞亮了」的深意，意思是詩人莊雲惠，早在遊三峽
的「舷邊」，以其洋溢著靈慧的詩心，應答過「大自然的聲聲
呼喚」，也在臺北的陽明山〈走進春天〉時，「與花同住陽春
懷抱」。如其向上一著以觀，便是紫栢尊者「春在於花，全花
是春；花在於春，全春是花」，以文字之花，顯明如春的禪境，
如此一來，纔好說〈放下〉，是第一義諦當下的放下。

結　語：各自展風華

　　是集中的詩人，非特詩齡全在四十年以上，亦且秉持純
潔的初心，常年創作不輟，作品極多，唯因在人浮於事，競
爭激烈的社會中，各有專職本業，戮力於工作，勇於生活，
致作品完成後，未必投稿發表，更鮮有餘力，在所謂的詩壇
跑龍套，唯有識者自識其珍，不識者的所謂專家，但能一而
再再而三的以魚眼對之惘然而已！今因篇幅所限，祇能畧事
泛說，尚蘄方家鑑裁，是為序。時民國一百一十年十月二十
五日，倭寇侵華戰爭戰敗無條件投降，臺灣列島光復七十七
週年紀念日的暮秋，寫於霧失紅塵的插天山雲端居停。

　　　　　　　　　　　　　　　吳明興於台北華城

　　　　　　　　　　　　　　　2021.11.15

陳福成詩選

- 祖籍四川成都，1952 年生於台中。筆名：古晟、藍天、司馬千；法名：本肇居士。
- 陸官 44 期、三軍大學 82 年班、復興崗政研所畢業、清華大學高科技管理班、政治大學社會科學研究方法班結業。

出版著作（包括國防、軍事、戰略、兵法、兩岸關係、領導管理、小說、翻譯、現代詩、大學和高中職學校教科書及人生小品，僅列部分出版品）

- 《陳福成著作全編》（80 冊）
- 《國家安全概論》《（合著）
- 《國家安全概述》（合著）
- 《國防通識》（一～四冊）（高中用書）（合著）
- 《國防通識》（一～四冊）（教師專用書）（合著）
- 《一隻菜鳥的學佛初認識》、《海青青的天空》、《世界洪門歷史文化協會論壇》《三搞統一：解剖共產黨、國民黨、民進黨怎樣搞統一》、《緣來艱辛非尋常：賞讀范揚松仿古體詩稿》、《大兵法家范蠡研究－商聖財神陶朱公傳奇》、《走過這一世的證據：影像回顧現代詩集》、《范蠡致富研究與學習：商聖財神之實務與操作》、《范蠡完勝三十六計：智謀之理論與全方位實務操作》、《這一世我們乘佛法行過神州大地：生身中國人的難得與光榮史詩》、《甘薯史記：陳福成超時空傳奇長詩劇》、《地瓜最後的獨白：陳福成長詩集》、《龍族魂：陳福成籲天錄詩集》、《歷史與真相》、《蔣毛最後的邂逅：陳福成中方夜譚春秋》、《大航海家鄭和：人類史上最早的慈航圖證》、《欣賞亞嫩現代詩：懷念丁穎中國心》、《向明等八家詩讀後：被《食餘飲後集》電到》》……等 130 本，目前仍陸續撰寫中。

前　言：詩觀

　　寫了一輩子詩，有如人生日記或週記，只要活著，拿得動筆，頭腦還能正常思考，便每天寫些東西，美其名曰「詩」。其實只不過記錄一些人生心得，打發漫長的人生歲月，並沒有什麼偉大的構想。

　　就這樣寫著，寫了半個世紀，大概有幾萬首叫做「詩」的東東，詩集都出版了幾十本，乃至科幻小說詩、神話小說詩，寫上癮了，像吃毒品，不寫會死！

　　詩寫到這個程度，自然也交了不少「同病相憐」的詩友，也自然會討論到「為什麼會寫詩？為什麼要一直寫？」。為什麼詩人一直在做「虧本生意」？因為詩人不是「行業」，詩是極寡市場的產品，是完全沒有市場的東西，寫詩的人卻越來越多，為什麼？

　　我從自己的經驗，詩友的論述，再總結古今詩人經驗，從屈原、李·杜甫、李後主、李清照…到現代詩人，得出一個我認為比較接近實際的結論，即「需要」，需要是一切生物的「進口」和「出口」，而用「需要一個出口」，可謂是最簡單的結論。

　　每個人「需要出口」的方式不同，酒國英雄要天天喝酒，賭王要天天打牌，舞王要天天上舞廳，詩人當然就要天天寫詩，成為一種需要，有如吃飯。

　　「需要」不是詩語言，沒有美感，換成詩學語言就是「言志說」，詩以言志是中國詩學的傳統，「志」是什麼？按聞一多、朱自清的說清，志是「懷抱」和「意向」，包含思想、情感、態度、觀點在內的內心世界，需要將它表達出來。正是所謂「情動於中而形於言」，必須把心中的情（情感、心聲），透過「出口」，傾泄出來；若沒有出口可以把內在情緒發泄出來，始終悶在心中，結果可能很不好。

　　所以多年來，我寫詩、讀詩，乃至寫過很多詩評詩論的東西，基本上從「言志」論、「需要」說出發。需要是生物學語言，言志是詩學語言，其實是一個東西的兩個面，可以算是一種「詩觀」。

啓　航

我們是追尋祖靈的族人
信義、坤德、張屏、若鋆、珠延
淑媛、金玲、陽布
秀梅、麗霞、蓮霞、台客、
隘金、秀珍、世輝、增珊
佳儀、安邦、建業、立祖、小英
錦堂、淑貞、美枝
蜀禧、學明、進發
筆者恒與諸君同在
我們啓航
飛向神州
追尋烈祖烈宗的足跡
復興中華民族
實踐中國夢

我們駕雲踏浪而來
雲往神州飄
浪往神州湧
風雲浪潮或許有意外的方向
向異域奔流

但我們追尋烈祖烈宗的足跡
是絕不會走失方向的
祖靈呼喚得緊
我們對祖國有一份依戀
那是親情的感覺

我們在黑夜裡飛行
繁星閃爍是親人的微笑
而浪潮和風雲
起起落落
我們內心平靜
就像孩子在媽媽的懷裡
平靜、安全

北京、天津、廊坊
以及……
是我們許多族人的祖居地
是我們的心靈故鄉
長江、黃河……
泰山、華山……
北京的胡同……
山，我們記得
水，我們熟悉
人，我們都是一家人
我們啟航
為來看看家人

親吻我們夢中的神州大地
無論城鎮，無論村落
現代都會，傳統古村
我們總看到華彩和諧的人間
美麗大中華

烈祖烈宗的生身地
我們心靈的原鄉
愛，及於每一朵黃河浪
情，及於每一滴長江水
思，亦及於每一粒神州之塵土
我們啟航
呼應祖靈的呼喚
歌之詠之，舞之蹈之
滿懷思緒
多如太平洋之水
寫出的不到一滴

啟航，航向原鄉
懷鄉的思緒
生生世世在胸中不斷漲潮
白髮已三千丈
每一丈都暗藏一種神之州之風景
為方便找尋五千年前
祖居的地址
閱讀每一族姓氏的族譜史話

時光帶走每一代人
帶不走的是
中華民族的基因
基因始終指引著我們的航向

季節在代代輪迴中新生
新生不會改變航向
每一代的中國人
都在回應祖靈的呼喚
你們終於要回家
看看家鄉事
了解祖國的百年建設大業
今夜就在
廊坊花園酒店織一段中國夢
不論夢中或夢醒
一縷蓊郁的鄉情
都在胸中澎湃

拜會廊坊市台辦

相見歡
已過了中秋
這裡的氣氛很春天
名片還沒有拿出來
眼神已先遞出熟悉的名片
加上臉上微笑的語言
雙方已了然於心
你說唐詩
他道宋詞
你說李白杜甫
他道三蘇父子
整個會議室已春暖花開

統一兩座山
雙方相見的動機是為統一兩座山
統一是本有的共識
故能相見歡

兩座山
面對面站了半個多世紀

兩個都握緊拳頭
好像隨時準備要打架的樣
中間隔一道細細的海峽
更早的時候兩座山天天打架
打得頭破血流
人當然死得不少
幸好，半個多世紀來不打架了
但統一始終沒進展

兩座山
一座是超級巨大的山
現在已然壯大成世界級大山頭
另一座是很小的山
其實相較之下，不算是一座山
頂多只是個小土堆
小土堆把自己澎脹成一座山
有個部長說
我們可以放大成山脈

兩座山隔海而望
那姿態，好像有多少恩怨情仇
現在兩座山的代表們
都坐在廊坊市台辦的會議室裡
就是要談談
為中華民族的復興
為全體中國人的生存發展

為中國的繁強盛
不要再成為西方強權的口中肉
要把恩怨情仇全部放下
大家都要努力
不論大山還是小土堆都是一家人

寧共勿獨
在廊坊市台辦的會議室裡
兩小時的坐談
雙方領導發表談話
大家得到一個共識
寧共勿獨
未來也將聯合打擊台毒
讓邪惡的毒水
不會毒化中華民族的子子孫孫
兩座山都在反省
反省過去的不是
過去為什麼不願意面對歷史
還曲解歷史
假造歷史
兩座山說得眼淚要掉下來
掉下成江河

天色有些晚了
兩座山握手言歡
今晚也不醉不歸

我們臉上都散發著光輝
我們同文同種是同胞
共同的祖國
所以，座談會結束時
雙方再次確認
兩座山必須統一
寧共勿獨
是我們共同追尋的目標

參訪霸州

霸州不大
能為河北十強之一
也是一方霸主
你自春秋戰國走來
經千百年熬煉
乃成霸州
雄霸之州

走在現代霸州街上
不覺間擡起胸堂
儼然也是英雄
風的氣息拂過臉龐
迎面而來
是一朵朵花兒
朵朵笑臉
與我們都是第一次相見
已感到親切
閃耀著幸福的光芒
很想親吻腳下的泥土
抓一把聞聞
有媽媽的味道

我們走在河北十強街上
時間太短
面對繁華似錦的霸州
千年雲影瞬間從眼前走過
所有的風雨都往生了
大家仿佛走了很多路
只是錯覺
因為你只做了一個白日夢
就讚嘆
讚嘆霸州不是浪得虛名

我從一粒沙看世界
又從一朵花看天堂
當我們走過霸州的一座花園
我已看到世界的影子
也看見天堂的背影

安次區經濟技術開發區

有時候你不得不相信命
有人就是天生命好
天生下來就佔在一個戰略要點上
安次區經濟技術開發區
地緣關係得天獨厚
天生命好啊
當然，後天人為的努力更重要

安次的現代感
已然是超現代或後現代
走在街上
讓你覺得像一隻飛在天空的魚
我們悠遊於同一條河流
飛同一塊天空
愛同一塊土地
相同的渴望

走過另一條街
城市的公交站台
擠滿了到此觀光的背包客
許多會玩的魚和鳥

看上去都是黃皮膚
也有很台的
很港的
少數很洋的
更少有很倭的

我們參觀一座技術園區
有專業講師來介紹
聽起來像外星科技
或超現代了
我們這些老人家顯得落伍
只會和青山對話
也聽得懂祖國大地的無言說法

安次區天生命好
人們又肯努力打拼
創建成為省級工業區
發揮地緣關係的優勢
得以繁榮壯大
士農工商都實現夢想
我等今夜
也必織一段美夢

永清現代產業技術園

辦完了正事
我們化做一隻隻鳥兒
鳥獸散
難得的自由活動時間
走在永清現代產業技術園
園中的園中之園
飛來飛去
吃喝玩樂
一眼望去
眾多的鳥兒
我看到一隻最可愛的
停在一株花朵上
安靜的享受
園中的寧靜

這個季節的天色
在永清現代農園
展現了歷史上少有的風景
不論鳥或人
生活都那麼詩意

田園詩派在這裡復活了
人活的像鳥一樣自由
鳥活的像人一樣富裕
都有陶淵明的味道
這個都市型農園是永清的夢
到了永清
你才會知道原來傳說中的
永清夢，是真的

在這個都市型的現代農園裡
織夢是最大的享受
有夢最美
沒夢可慘了
所以各位看官旅人背包客等
若你想織一段最美的人生大夢
來一趟永清現代農園吧

觀賞永清現代農園
園景美得讓人醉
看花看景
看到醉你定是不相信
你一朵朵端詳
一張張拍照
等存在雲端時
天帝眾神看了也醉
你當然也不相信

世界上的都市就是都市
地球上的農園就是農園
而都市在農園中
農園在都市裡
這是哪裡
正是現代永清
神州大地一永清

現代永清是追夢園
傳統與現代合一
都市與農園共構
一家親
走入永清
你的日子不擦而自亮麗起來
每一刻都是美夢成真

雍和宮，眾佛來見佛

康熙、雍正、乾隆
還有章嘉呼圖呼圖活動
你們曾在這裡論說佛法
聲音還在這宮裡迴響
佛法雖有北傳、藏傳和南傳
但佛法不二
萬法歸一

大老遠已聞鐘聲
眾生都聽到召喚
古剎有神
神光已照耀四百年
就連幾株大樹
也因就近聽到活佛講經說法
長得特別高大神氣

章嘉呼圖呼圖的傳說
依然鮮活
生生世世流轉
永恆不老

我等二十七人也是佛
千載難有的機會
也來結一段佛緣

我們化一段佛緣
未來也把佛緣轉化給別人
把恆久的慈悲
傳揚四方
二十七個佛的心願
供養一朵蓮花
佛與佛必能接心

此刻我等，無住生心
自在如一
感覺似無來，亦無去
卻在我們內心
升起唱經的聲音

人生有如少水魚
我們北京天津行少了多少水
少掉了水
得到了一段佛緣
人生一輩子
值得、值得！

北　海

說北海，即非北海
是名北海
自古以來是皇家後花園

今天我們演一回皇帝
到北海賞花看景
果然，這裡花非花
景非景
如夢似幻
為何叫北海
因為你所見如夢幻
湖看成海

我們一行在海中閒逛
看見有光
有人做了白日夢
靈魂之光、旅人眼神之光
星星、月亮、太陽
聚於北海
今夜就在北海織夢吧

什剎海

什剎海是眾神加持的海
海非海
是名海
海的四周住著眾仙佛
廣化寺、火神廟、護國寺、保安寺
真武廟、關帝廟、佑聖寺、萬寧寺
石湖寺、萬嚴寺

坐在什剎海一角的涼亭
沈思，或入定
與眾神接心
真武大帝、關聖帝君、火神
以及佛
他們也一定常在什剎海
散步，或講經

我等一行在這座海中
航行，聽聞
海，說了什麼
海會說什麼？海的無情說法
誰聽得懂？

煙袋斜街胡同

民心的方向
民生的真相
都在這胡同中
自然呈現

彎曲的胡同裡
閃著古銅色的霞光
年代太久遠了
或許遠古的北京人
也住這裡
吸這裡的煙
這是我走一段煙袋斜街的感受

大家零星閒逛
昂首看有霞煙的天空
逛胡同的人
比魚更悠游
比鳥更自在
兩小時已經走過宋元明清
到民國
發現許多歷史課本裡

不寫的真相

在街角斜對面
標示一家煙樓
想來，滿清末年那些政要
都在這裡吸煙
帶動全民吸煙潮
國家被吸垮了
煙樓成為一座警示

古銅色、灰黑色的牆
是時光耕耘留下的證據
還有牆面的光痕
透露出什麼秘密
胡同是一條時光隧道
找尋歷史真相
來逛就對了
體驗真實庶民生活
來住兩天就對了

煙袋斜街
是所有胡同的縮影
把一個傳統時代
典藏、停格
永恆不老

吃北京便宜坊烤鴨

光是香酥脆
就是幾百年的智慧
結晶，吃不膩
有一種
黃山歸來不看山
吃過北京便宜坊烤鴨
歸來不吃烤鴨了

歸來只會想念
想念一隻鴨在大灶爐的烤煉
通過廚師加持
香味就打通了歷史時空
抓住了每個時代
眾人的胃
名傳千里

吃北京便宜坊烤鴨
以香酥脆為地址
所有慕名而來的人
想吃的人

不管你住在地球的那個角落
你必能聞香而來
不需導遊帶路
香酥脆自然引你成為
便宜坊的坐上賓

便宜坊烤鴨在演化中
如今演化成一套
北斗系統
想吃北京烤鴨的
都自動導航
不約而同
情不自禁
一個個走進便宜坊大門
真神啊

回到台灣才沒幾天
便宜坊烤鴨演化成
一陣陣鄉愁
懷念便宜坊的好茶
便宜坊的好酒
便宜坊的親切
解開鄉愁的藥方何在
唯一的解方
我們商討再到北京
專吃便宜坊烤鴨

王府井大街

就是一條老街
很老，有幾百歲了
這麼老了
從來都不生病
住在這裡的人都稱王
喝著井裡的長生不老泉水

走進這條街
心情很快回到古典
走幾步
有的人就過宋元明清
有人走進時空隧道
竟回到漢唐

走啊走
很快了我是誰
我是旅人還是樵夫
走進一家酒館
有人吆喝著
仔細一看

原來是明朝十王
現在改行當酒保
不領朝廷薪水
只賺觀光客白花花的銀子

人潮帶來錢潮
各種商品
從幾千年前到二十一世紀
應有盡有
街的年歲很老
街的氣氛充滿活力
像是人人都在打拼
打拼，實踐中國夢
中國夢，是每家商鋪老闆的夢
是王府井大街的夢
是我們大家的夢

走進一家古董店
這裡販賣古老的歷史
歷史課本沒記的
這裡都有
我們聽老闆講老街的故事
仿佛宋元明清每個時代
他活過、走過
他是王府井大街的活歷史

北京孔廟（國子監博物館）

在吾國歷史上
我最敬佩的人就是孔老
幾千年來
從秦始皇開始
就有一批批人要打倒孔家店
最後都自己先倒
孔家店照開
永恆不倒
成了吾國歷史上開最久的店
能不敬服孔老嗎？

現在南蠻小島上
一群台獨偽政權的妖女男魔
也正積極的在打倒孔家店
胡搞「去中國化」
說孔子是外國人
從各級學校教科書裡
清除掉儒家文化
一群喪心病狂的台毒啊
去孔化、去鄭成功化、去媽祖化……
禮義廉恥、仁義道德

都是封建遺毒
棄之如破鞋
小島將重回石器時代

同樣是在北京
在孔老現在坐的位置上
才不過幾十年前
大批不知道自己是誰的中國人
成天示威遊行
也是要打倒孔家店
要把四書五經丟到矛坑裡
孔老坐在位置上
不為所動
無懼於邪魔歪道橫行
時間是終極考驗
最終孔老依然高坐北京孔廟大位上
成為一尊打不到的神祇
而那些要打倒孔家店的牛鬼蛇神
不知死到那裡去了

中國人經二千五百多年檢驗實證
孔子思想已成中國文化象徵
儒家文化是中國文化的核心
凡是違反儒家文化的政權
都是不法政權
非中國人所要

景山公園

這是美麗與哀愁的公園
康熙大帝登景山作詩曰
雲霄千尺倚丹丘
輦下山河一望收

比康熙早些時候
明崇禎皇帝到景山
上吊自殺
終結明朝

現代登景山的觀光客
為一覽北京城金景
為一眼金方位看盡紫禁城
把感傷還給歷史

登景山不是爬山
登高只想遠眺
想和山上的樹站在一起
讓自己有孤的感覺

終於登上了景山
旁邊有導遊的聲音
說了康熙大帝、崇禎皇帝
又說了溥儀、馮玉祥和江青

景山的故事說不完
我是來看風景的
也成為別人的風景
這裡的樹木和風雲都是故事

崇禎皇帝上吊自殺的
那棵歪脖子樹
最是感傷，至今不明白
他為什麼要死在我身上

今天景山人多
山上的風沒有秩序
一會兒東北風
一會兒西南風

大家都說上了景山
能把握北京全景
但北京今日吹的什麼風
難以預測

台灣同胞聯誼會（北京台灣會館）

這裡是台灣人在北京的家
滿清時代
台籍進士施士洁倡議創建
隨著時代演變
台灣人在北京需要更大的家
現在的北京台灣會館
是台灣同胞在北京聯誼之重鎮
從北京擴散
台灣人大膽西進
在神州大地創造光輝的大業

台灣人要擁抱神州
親近神州山河人文
我們是世界之泱泱大國
有五千年文明文化之現代大國
物產最豐之國
台灣同胞來聯誼
也來挖寶

我們都是台灣同胞

現在來到台灣會館
也想來尋寶
不知寶物何在？

台灣人要來認識自己祖國的寶
一千一百萬平方公里的土地是大寶
土地下藏著金、銀……鈽土是國寶
李白、杜甫……孫中山是寶
五大發明都是寶
我們的九流十家是寶
五千年文明文化那樣不是寶
十四億同胞，個個都是民族之寶貝
每個省、縣、市都有無盡寶藏
台灣就是個寶島
我們中國的寶貝說之不完……

北京台灣會館
亭台樓閣、花木扶疏
滿園紅花綠葉
都為歡迎你的到來
歡迎你回家

逛前門大街

北京前門大街
為什麼沒有後門大街
因為這裡的人
做任何事都走前門
不走後門
前門大街
好熟悉的名字
定是上輩子走過
隨著直覺的腳步
賞寧靜中的繁華
看寂靜在街角的熱鬧中

一家古董店出現在眼前
販賣失落的世界
或拍賣歷史
不覺間我們穿透時空
走進一個朝代
朝代很古老
因為眼前的夢很古舊

走在人群中，走散了
獨自一人散步
在自己的國度裡
怎麼走也不會迷路
這些街道、土地、風景
住在我心中幾十年了
就像一個老朋友
雖久不見面
只要真情在
就永遠不會忘記

靜靜走在前門大街
看著滿街都是寶物
一定有你喜歡的
記得，走前門大街
不要走後門

向總理孫中山獻花致敬並報告中國現狀

台灣地區中國全民民主統一會
會長吳信義率會員代表向　總理
孫中山先生獻花致敬並報告中國現狀

我們的總理，永遠的總理
你在哪裡！
海峽兩岸子民都在想念你
全球中國人都在想念你
我們只能對海峽浪潮大喊：
總──理──
大海有了回音：
他正要重組中華革命黨
我們又對著神州大地喊：
總──理──
大地巨大的回響：
他正忙著創建黃埔軍校事宜
親自清點五百支步槍
命蔣中正任黃埔軍校校長
總理，我們永遠想念你

總理，你知道嗎？
你創建的中華民國
本來有一千一百多萬平方公里土地面積
一九四九年後中華民國流落台灣小島
面積剩下三萬多平方公里
現在更慘了
中華民國被妖女男魔偷樑換柱
現在只剩一個空殼
一個空名的中華民國
妖女男魔說你是「外國人」
台獨意識高漲
毒害下一代
遲早有一天，連中華民國之名也沒了
如破鞋般被丟棄
尊敬的總理，你說傷不傷心

總理，雖有傷心的地方
卻也有安慰、樂觀的一面
想當年，你最得意的信徒蔣中正
把江山讓給共產黨
那是你曾經「容共」的黨
他們自稱也是你的信徒
中國在共產黨治理下
大家都說：三民主義的理想在大陸實踐了
你的建國藍圖、實業計劃都實現了
中國已然崛起

中華民族已然復興
中國夢就是所有中國人的夢
也是總理你革命四十年的夢
總理臨終的遺言：
和平、奮鬥、救中國
如今中國已然得救
是共產黨救中國，國民黨應也樂觀其成
只要中國得救，成功不必在我
總理，你説對嗎
中華民國和國民黨現在也靠共產黨救
形勢比人強啊！總理

總理，全統會的成員也都是你的信徒
全統會的宗旨也是中國統一
而且堅持「寧共勿獨」
相信統一是不會等太久的
今日中國在某些方面已「超英趕美」
不久的未來必定完成總理的夢想
也是全體中國人的夢想
此時此刻，這吉日良辰
向總理獻花致敬，報告中國現狀
祈願，總理佑我中國
早日完成中國之統一
中華子民永遠想你

2019 北京世界園藝博覽會

園區太大了
比很多國家的領土還大
超大的植物園藝世界
新世界的奇幻之美

午後，在花園的雨林中
走進外星園林
有霧自林園飄出
水聲合唱天籟之音
綠林和紅花各自站立
美姿演出

這裡的一切都在寂靜中
聽見一片落葉的道別
鳥兒以歌回應
轉一個彎
好像從熱帶園林進到寒林
那些奇花異草
天生不怕冷
雪光迎面
無數水珠在葉上一閃一閃
這是哪一個國

有蝴蝶總是迷戀著花園
在園林裡開舞展
秋風中翻飛
是兩隻真實的蝴蝶
或莊周所夢
她們相互追逐
吸引觀者目光
這是世界園藝博覽會
節目單上所沒有

世界園藝博覽會
是整個山河大地美景的縮影
一種夢境的實踐
這是中國夢吧
只有勇於織夢的民族才辦得起
如此規模的園藝理想國

我們在這園區裡擁抱美景
用平靜的激情
唱高亢的歌
歌我中華
神州大地就是自然的博覽會

長城頌

一到居庸關、八達嶺
就聽到祖靈的呼喚
炎黃老祖秦皇漢武傳話
子孫們
我們生命一定有個出口
長城活了
巨龍醒了
祖靈的回聲
保持靜肅，聽
就在二十一世紀
神龍自神州大地飛騰
飛騰於虛空
抓得住整個地球
這是祖靈的聲音
我們聽到了

長城醒了
千百年爭戰
城牆到處是傷口
千百年之殤，醒了

正在恢復中
崛起
我們開始打通龍脈
打通山河江水
五臟六腑氣血全通
進而
準備打通地球
長城醒了
長城敢於向地球鬥爭
巨龍醒了

從居庸關長城腳下走過
地平線上突然一驚
是否戰事再啓
蠻荒的天空舞台上
出現新的戰場
敵人從海上來
強大的黑鷹正展示武力
不論何時何地
不管哪個朝代

敵人都在窺視　　　　　吾等無懼
巨龍醒了　　　　　　　只用一帶一路
　　　　　　　　　　　就把地球抱在懷裡
長城醒了　　　　　　　全球中國化
貼緊神州大地
長城，就是你　　　　　不可否認的
你的心跳聲　　　　　　長城醒了
驚醒了所有的眾生　　　巨龍強大了
連簌簌小草都聽得見　　還是有不少殘磚斷瓦
土地也聽見　　　　　　跌落的磚塊
但在歷史上，你　　　　仍在地上沉睡
經常患呼吸中止症　　　或被農民搬去當童養媳
你心不跳　　　　　　　古風在荒煙徘徊
大家的心也不跳　　　　枯衰的靈魂在老樹上
民族之危亡啊　　　　　找不到巢
　　　　　　　　　　　找不到家

命運，什麼都是命運　　有些龍族仍在沉睡中
也太沒志氣　　　　　　有些是迷失了方向
男兒當自強　　　　　　還有些是中毒了
你是中國的脊樑
你始終守護著中華民族　騰飛的巨龍
你是我民族的事業線　　有些被光陰盜竊一空
起來，站出來　　　　　剩下想像
向命運挑戰　　　　　　有些被禁足在博物館中
不管敵人從北方來　　　供人觀賞
或從海上來　　　　　　沉睡不醒

歷史袖手旁觀
只有找化石考證
化石也灰飛煙滅
成為一段空白

我們在城牆上散步
才幾步已然走過三千年
三千年滄桑
都堆疊在城牆上
歲月深深
都深陷在光陰紋路裡
失落的歷史
都在磚塊上

在土地下
誰來閱讀

崛起啊巨龍
再一次崛起
你的崛起是第幾次了
這回你掀起新造山運動
把龍族從安詳中喚起
閃電般抖抖身子
迎接崛起
又輪到你當地球大哥

天壇，我們也來祭天

皇帝祭天
我們平民百姓更要祭天
到天壇祭天最靈
有求必應

大家都到天壇祭天
人人所求不同
唯我無求
天不說話
我只能獨白
感覺一身輕飄飄
今人很快成古人
我會惦記
今日與天神交會的因緣

面對天神要誠實
打開孤寂的心扉
向天神說什麼
都保密
我們走過神州大地
邂逅了歷史

知道皇帝祭天求什麼
不外國泰民安、風調雨順
平民百姓求什麼
不外身體健康
再就是發點小財吧

我們走馬看花
導遊在介紹天壇的故事
大家有聽沒有到
有一個人在祈禱
像一株草低頭合十
他說了什麼
天知道
奇蹟沒有發生
今夜大家安祥入夢

懷著感恩的心情祭天
我們還能平安健康活著
據聞，地球暖化的關係
老天爺越來越不爽
變臉無常
災難越來越多
我們求天不要降災
天說：此乃人事，並非天意

狗不理包子

面對熱情冒霧
白泡泡、幼嫩嫩的情人
在你眼前
不忍咬她一口
不咬一口，心癢癢

細白的皮膚
是怎樣保養的
白了眼前的朦朧
溫暖的雪白
又有香氣飄出
吸引各方眾生
狗，已改變了態度

忍不住了，吃上一口
就是和情人接吻的感覺
閉上雙眼
含在口中，軟綿綿的她
在你嘴裡
你和她心連心

感受相同的激動
一股香氣
在二者之間散發
你不相信這只是一個包子
包子哪有這等境界

又吃了一個，再一個
四周的人讚嘆
這是誰做的包子
咬一口，又咬一口
與情人接吻
永不覺得少
吃到飄飄欲仙
說了你不相信
吃一口，才覺自己的存在
我吃，故我在

最初，狗不理
現在，狗已後悔
狗和人合作
壯大一個品牌
且穿透時空
將恆與歷史同在
與每一代的人玩
親親遊戲

天津之眼摩天輪

那是天空之眼
天老爺之眼
引領我們仰望
仰望藍天白雲
思索著
你心中的神
用天眼俯視眾生
我和眾人一同仰望
未見我心中之神

那是宇宙之眼
在晚上的時候
黑夜的天空懸著一輪宇宙的眼睛
在夜之海流動
比光速慢
晃動著
漂來一朵雲
宇宙之眼變成雲海中的幻影
一閃一閃亮晶晶
感覺航行到了銀河系

那是航天飛船
不知要航向何處
我喜歡宇宙旅行
就上了這船吧
可以伏在窗口
觀賞每座星系
遠離了藍色星球
是什麼感覺
飛到最高處
藍色星球越來越小
終於成為看不見的沙塵
從夢境回到現實
忽聞有人喊著
到站，下車了

天津之眼是天津人的夢
中國夢的小小縮影
許多觀光客的夢
凡是想織夢圓夢的
就快乘上天津的
航天飛船

尾　聲

帶著感恩的心回家
不是出國
也不回國
只是回家

我們走過神州大地許多地方
不論那個角落
都是我的國
我們的國土
中國是我們的
我們就是中國
我們對這片廣闊的江山
只有一種心情
愛
友情、親情、愛情
民族之情都有
就是愛
打從骨子裡的基因
就是愛

我們回到家了

家，仍是神州大地一角落
四季有歌聲
是長城謠
讓人醉的歌
以及五千年的故事
一輩子聽不完
就閉上眼睛聽
有如想念一個夢中情人
我們也永遠想念著
此行，北京、天津、廊坊
結下的好因緣

我們都記得
為何而來
為中國之統一而來
為實踐中國夢而來
為感受二十一世紀是中國人的世紀
而來，而去、而生

方飛白詩選

● 1958 年 4 月 27 日生於雲林縣虎尾鎮，澎湖人。
● 政大歷史系肄業，政大阿文系畢業
● 現於拜恩生物科技有限公司（台北）任國際事務總監

出版著作

●《青春路歸何處》（1983 年）
●《紅海飄泊紅玫瑰》（1985 年）
●《阿拉伯的天空》（1988 年）
●《黑色情話》（1994 年）
●《愛河流域》（合著，2015 年）

前　言：前進各大文明的旅程

一、歷史上有所謂「四大文明古國」，指的是古巴比倫、古埃及、古印度、古中國。其實，這並不是很精確，因為，地球上，在古代南美洲，還有馬雅進步的古文明。並且，由於「太空考古學」的探測，海底、沙漠、荒野也發現更多人類未知的古老文明。

我個人自國中就對世界歷史很有興趣，也因此考進政大歷史系，即使轉到阿文系，也仍修了不少歷史系的課程。

1983 到沙烏地工作，因地利之便，就有機會接觸了解兩河流域與埃及相關之文明。親自到埃及、摩洛哥、敘利亞等伊斯蘭文明地區旅遊觀察，也因此寫了不少報導與詩作。

由於沙烏地與台灣距離遙遠，因此，必須在中間 One Stop，因此，又在印度與東南亞各國停留，整體而言，這地區就是印度文明的涵蓋地區。

二、1995 年，自中鼎退休，就到上海投靠學長鄭士毅兄，後又到南京與同鄉之中鼎同事莊清涼兄一起工作，這期間有機會遊歷中國各地，看看歷史地理課本的中國與現實有何不同。江南江北有不少見聞。

三、離開中國後，返台工作一段時間，因為嘉元同學之

邀，又到柬普寨工作，坦白說，那時候不太了解真臘帝國之吳哥窟偉大的文明。

2004 年，又再赴中東工作 6 年，再回台，真正退休了。

2018，因友人之約，再赴柬普寨，這次因時間很多，就做了比較長期之計劃，而得以更深入了解真臘帝國文明，從南到北，參訪自扶南到真臘帝國的古代廟宇與古蹟，期間大約有兩年，這裡的文明乃是印度教與佛教文化的幅射區，但在不斷融合與內化之後，柬普寨自身創造出不輸於印度的特殊文明，走訪巡遊古蹟之時，也就自然而然「見景傷情」，寫了一些遊記與詩作。

四、以上所述，就在這些古文明地區，挑選兩大地區詩作，即阿拉伯地區與柬普寨真臘帝國，再加上台灣與友人交流的詩作，成為此書與友人合集之內容。

(1)阿拉伯沙漠玫瑰詩記。

(2)吳哥窟真臘帝國巡禮。

(3)台灣五光十色之詩旅。

阿拉伯沙漠玫瑰詩記

一、耶穌的苦路

先知們
日夜祈禱　深思冥想
千考萬慮　為了預言
而就為了實現預言
耶穌步上他的苦路
那原是先知精心策劃的劇本
這漫長的苦路
預告著毀滅
也實現了重生
羞辱加上痛苦
眼淚連接十字
我的愛人們
在人間
我們預演著天國的榮耀
我自己
要從最低處升到父的旁邊
我的愛人們

他們沿著苦路行走
為我鋪就一條王者的路
一條充滿艱苦的路

苦路啊！預示著我的死亡
也預告我的復活
我們一起走向真理
我們一起走向天國
先知精心策劃的神話
因而在人間實現

二、紅海之濱到死海之畔

── 約旦記遊

之一：黎明時與紅海的浪花齊飛

與紅海的浪花齊飛
自一九八三啟航
飛向歷史的長廊
自現代啟航
飛向歷史的長廊
自現代啟航
飛回歷史的殿堂

自燈火燦燦的紅海
飛回聖經傳奇的年代
自紅海的新娘藝術的都城
飛向約旦王國的古老滄桑
從死海之濱
遠望以色列的雲山蒼蒼

從安曼之晨
馳往阿卡巴的黃昏茫茫

黎明時
與紅海的晨陽齊飛
黃昏時
與紅海的浪花同遊
自一九八三啓航
飛回歷史的殿堂

之二：安曼我們已醉入妳多山的柔懷

安曼
這山城
這山城的神奇
惟有美酒可以相比
喝杯
茅台酒

乾杯
白蘭地
古老的山城
我們已微醉
在妳山中的高高低低
在妳多情溫柔的懷裏

安曼
這山城
這山城的神奇
惟有美酒可以相比
在這古來征戰之地
妳依然保持了樸素的美麗
山城的美麗
是小村姑的美麗
在這丘陵起伏之地
妳仍舊留存著鄉村的情意
山城的情意
是小愛人的情意

安曼
這山城
這山城的神奇
惟有美酒可以相比

之三：嘉拉茜的壯麗與哀愁

嘉拉茜！
嘉拉茜！
羅馬的眾神聽著
你們在寂莫了千年之後
荒原的野風
招喚我追尋的眼眸
遙望妳破碎的群山

嘉拉茜！
嘉拉茜！
羅馬的眾神聽著
你們當入罪永恒的煉獄

莊嚴的殿堂
華麗的宮庭
開闊的劇場
高聳的門牆
當年如花美貌
消失在戰後的群山
隨同哭泣的野風
與春水付東流
在大地絕版
嘉拉茜的壯麗而今安在？

嘉拉茜！
嘉拉茜！
羅馬的眾神聽著

你們當入罪永恒的煉獄
殘破的列柱
橫躺的雕石
古舊的墓場
荒蕪的花園
以受創的心靈
斜依在凋零的山間
聯合呼嘯的狂風
以歲月為見證
向歷史控訴
嘉拉茜的哀愁如何解開

之四：永遠不死的死海

一路上
炎烈如火的陽光
如閃亮的刀劍
向藍天揮舞
一路上
憂愁滿面的山脈
如送葬的行列
向死海伸展

蒼白枯黃的群山
如死海的墓碑
臉上寫著死亡

而千古以來
死海的浪濤
拍打著永不止息的回響
吟唱著永恒世代的歌聲

今日我來就山
妳便悠悠然自聖經中復活
且翠綠到我眼前

迷失的羔羊
引導牧羊人
走向開啓歷史的第一洞
牧羊人的石頭
便敲開舊約神秘的傳奇

之五：佩特拉　妳永恒嗎？

遙遠的懷想
化為群山荒涼

飛馳過炎熱與荒涼
以朝聖之姿
只想見妳
依然風韻的廢墟
存在於山石間
雕著不朽的古墳
馬隊
向西格道上前進

懷想起
征戰歲月的豪情
一線天的河床
是山神恩賜的屏障
聳向藍天的巨岩
以威武的英姿
守護諸神的殿堂

拿巴特的子民
你們尊貴之血

來自何方神秘的部族
你們巧妙的手
將帝國巍然之姿
雕成群山的臉譜

當年眾帝王

已屍骨無存
而神殿猶在
當年楊柳色
已隨風掩埋
而古墓千載
拿巴特的子民
何等睿智
以巨山為殿堂
美麗的彩石
在千萬年後
作艷麗不朽的見證
行一座山頭

高舉著一段永恒
而永恒命定
走最孤寂的路程
往昔蒼翠的谷地
眼前枯黃的群山
昨日飛花的園林
今日風沙的荒原
我想問問
拿巴特的眾神諸王
你們孤寂嗎？
我想問問
佩特拉的古城宮牆
妳們永恒嗎？

之六：紅海皇冠上的小珍珠

賓士兩百是集狂野的黃獸
追趕四十二度發情的天候
追趕過
無塵沙塵少人煙
追趕過
千里荒蕪平野濶
追趕過
變幻神奇眾山頭
追趕過炎炎烈日放烽火
追趕過
追趕過

大地的一切
與我們在時空中
匆匆見過
又回到荒原悠長的寂莫

飛馳過一路山野
如一條孤單的時光隧道
遠從洪荒的古代
通向阿卡巴的一九八三

阿卡巴！
大海是生命的母親
盛開出嬌柔的浪花
起伏著永恒的韻律

招喚著亞當與夏娃
阿卡巴！
紅海頂端的小姑娘
妳的柔體翠綠如玉
紅海皇冠的小珍珠
將沙漠的熱度放逐

從飛馳的玻璃船中
看穿五彩的海底世界
清涼的浪花潮
秀麗的珊瑚灣
眼神在這小天地
追尋美女眸中的流螢
阿卡巴在漫漫荒野邊秀麗

自藍天碧海的盡處
遙望苦難的猶太國都
歷史的犧牲者
時代的鐵戰士
戰神在這小戰場
追尋和平絕望的虛無

以色列在悠悠雲煙中挺住

之七：期盼一次更艷麗的夢幻

因著妳們
約旦之旅
有個美麗的結束

蘿菈！
菠比！
妳們溫甜的笑意
妳們健美的胴體
從歸程
走入我們眼底
也走入我們的相機

雅典的美女
海倫的後裔
祝妳們平安歸去
自和平之城巴格達
唱一路優美的旋律
唱一路昂然的歌曲

朝聖日過後
我們期待另一次

夢幻的柔情與神奇

飛往愛琴海之濱
看看希臘群島的歷史
一座民主的城堡
如何昂昂然築起
看看雅典眾神的大能
浪漫古典的傳奇
如何柔柔然艷麗

三、沙　暴

與妳相會
我才了解荒涼
與妳面對
我才明白毀滅

以細柔的沙塵
織成巨偉的帳幕
以單彩的色調
畫出廣漠的蒼空
人類在大地
營建著理想
構思著壯偉
鋼與心的力量
將組起莊嚴的聖殿

與人類的尊嚴
然而
在妳萬里一色的幕中
所有昂向天際的建築
從朦朧到消失
如同
從已知到未知

不知從何方
閃電般佔領大地
每一寸空間
都佈滿塵土的魔兵
每一絲思維
都填滿黃沙的鬼魅

千萬年來
沙漠的貝都因人
熟悉妳來去如龍的身影
在新月為頂的殿堂起落
在悠長昂然的祈禱中
在黃塵飛天的黃昏時
他們應深知
有一天
沙暴呼喚時
大地的一切

都將歸入
妳單一而巨偉的孤獨

四、黑色的浮雕

傳說
有一則純黑的神話
名叫古代
妳慢慢地飄來
在孤寂的歲月中
凝固為一座浮雕
妳輕輕地微笑
在我黑亮的眼眸
神祕的輕紗之後
笑成
一朵薔薇般的夏娃

傳說
有一座遙遠的宮殿
名叫沙漠
妳慢慢地走來
在淒清的荒野間
幻化為一座浮雕
妳淡淡地微笑
在我專注的眼眸
矇矓的輕紗之後

笑成
一朵玫瑰般的海倫

曾經
為了一只紅艷的蘋果
無花果葉輕輕地飄落
伊甸的芬芳
在風暴中起落
就為了智慧
便須追尋孤獨
在神的樂園之外

為了一位艷麗的女子
火光沙塵紅紅地飛散
特洛的壯偉
在刀劍裏燦爛
就為了美麗
便須追尋殘暴
在人的鬥爭之中

而今
為了這一襲神祕的輕紗
傷神多少
只為了透視
女郎青春的面容
年少的眼眸

如多情的夕陽
凝視黃昏的海洋

黑紗
黑紗
輕輕地飄
黑色的浮雕
輕輕的搖
而無言
如千古過往的寂寥

　　　　註：阿拉伯世界，女人外出大部份一襲黑紗，有些
　　　　露出雙眼，臉龐隱隱約約，增添不少神祕感。

五、我已修練了三億年

我已修練了三億年
據說
修練百年
狐狸都可修成妖艷的仙女
和聊齋蒼白的書生
彈琴夜話
春宵共眠

而修練百萬年
冰雪中的羅漢也靜靜坐成

一尊低眉淺笑的菩薩
輪迴於來世今生拯救蒼生

啊
如今
細細一數
我已修練了三億年
當時誤入非洲東北角
那場滄海桑田的巨變
隨歲月幻化
我靜靜修成
撒哈拉沙漠中一顆寂靜的化石

上世紀
某年的春天
那夢幻的少年
輕輕將我拾起
一轉眼
再續千萬年的情緣

六、吉達雕像巡禮

之一 —— 噴泉

噴泉啊！
妳傾吐多少
柔情的細語
向純紅的天空
金黃的夕陽
是守護妳到永遠
的情郎
戀人以色彩為語言
在暮色中交談
便織就成
一首綺麗的情歌

之二 —— 紅海的白鴿

紅海的白鴿
妳們結伴而來
從自由的大海
飛翔成一片純白

為了明日的和平

妳們匆忙於飛行
白天輕展翼
夜晚也不停

天空呼喚著妳們
和平在天空等待
白鴿啊！
在妳莊嚴的羽翼間
是否願意帶著我

之三 —— 迴轉

凝視著紅海
妳以莊嚴的身軀
蜿蜒成
一首貝都因的老歌
慢慢地
唱著　　唱著
唱出紅海淒麗的往事
海水藍藍地微笑
天空以藍藍的眼眸回答
往事
如一朵被遺忘的玫瑰
守候著
一座名叫古代的宮殿

之四 —— 巨花

沙漠的巨花
妳以細柔的肢體
擁抱天空
在廣大的黑色中
發散多情的星芒
而柔情
便在夜裏輕輕地展開
如果有終點
那便是死亡
如果無終點
那便是永恒
而在花開花謝的歲月裏
妳
只是靜靜地綻放
輕輕地微笑

之五 —— 拇指

眾王之王
你剛健的身軀
發散白色的神祕
你迴轉的紋身
暗藏生命的玄機
從大地
向天空鼎立
昂然
如長嘯天際的神駒
當所有的世代
成為無色的灰燼
於不可知的時空中
在天國莊嚴的殿前
你以頭顱為印
向永恒叩門

柬埔寨眞臘帝國巡禮

一、盛世的聖寺

為了
建立宇宙的中心
為了
建立神化的靈界
為了
建立人間須彌山

神君色雅婆曼
下令山頂之君王
那崇高至聖的祭師
去建成雲霧中的聖寺

祭師給予神君
三界靈王所有的聖號與尊榮
神君再令蘇卡瑪
規劃出天界的王廟

所有的塔寺
在山間閃著金光
黃金的屋頂
燦爛的閣樓
金碗銀盤
絲綢玉食
佈滿神聖的殿堂
衛士英挺
歌女秀美

神君下令所有諸侯子民
對天界王廟諸神發誓效忠
從天到地
一統帝國

太陽神座上的君王
色雅婆曼七世
再度揚起征戰的旗
破越南征泰國
建立起吳哥王朝的偉業

印度聖僧承受天命
為他舉行神聖的加冕大典
建起永恒不朽的吳哥王城
宇宙間
唯一至尊的聖寺

聳立千百年
祭師與神君的聯盟
連接天上與人間的神聖帝國

然而
遙遠的雲間聖寺
已被遺忘
帝王努力營建他自己的聖寺
霧失聖寺
漸成荒城
孤獨的烏鴉
獨自哀鳴

是否
聖君用盡了國力？
遠方的強敵來犯
戰鼓四起
是否
聖君遺忘了諸神
天降大禍
帝國崩裂

千百年後
聖寺的獅群
依然守護著神靈
美麗的依然美麗

莊嚴的依然莊嚴
當年君王的夢
日日夜夜
依然莊嚴

當年祭師的夢
尋尋覓覓
依然美好

盛世的聖寺
隱在雲間
藏入天上
展現神君的心懷
閃耀諸神的光芒

二、斷臂君王

那年
帝國的繁華
世間的唯一
那年
聖君的疆土
天地的獨一
諸神的臉
聖君的臉
面向四面八方

迎向天界

因為滿足
帝國如此雄偉
生活如此順心
君王微微地笑

因為滿足
群花妖艷地開著
宮女嬌美地舞著
君王輕輕地笑

帝國的聖廟
太過燦爛（因而虛假？）
帝國的城鎮
太過繁華（因而墮落？）

那些蠻族
那些野獸
埋伏四方
心懷狼性
連年來犯
日侵夜奪
攻下城池
碎裂人心

帝王啊！
城牆被攻破
野火四處點
諸侯已散亂
家奴各奔亡
金銀難留存
愛妾也捨棄

聖君啊！
夜色蒼茫
衛隊護駕
急向南方
我的故鄉
月光催人老
江水也哭泣
在遙遠的南方
我們只能忘記帝國的輝煌

守護著先祖的靈位
祭拜著無言的諸神
看護著聖君的石像

帝國的美景只成殘夢
光輝的昨日皆化煙塵
壯志空留遺恨
復國遙遙無期

千年之後
君王的聖像已殘破
斷臂令人驚心
而君王的微笑仍在
在昏黃的月色下
滿足於那些殘夢

似乎
君王的微笑
藏著深深的密語
君王似乎追憶著
濃艷的花香
妖嬌的舞影
繁華的盛宴
高聳的巨塔
驚心的戰鼓
終將化為泡影

百年人世
千年帝國
終在微笑之間
化為煙霧
沒入荒山
終在微笑之間
君王入定
如去如來

三、柬普寨行旅詩誌：

—— 吳哥舞影（於巴揚寺）

春風借來眾仙姑，君王美宴尋歡舞，
那年飛返七重天，遺憾春影留千古。

—— 紅白菩提花

菩提妙中開，紅白化如來，
花魂含深情，逢春放香彩。

—— 菩提圓果

嚐到菩提果，盼望修成佛，
吃了兩合一，不再分你我。

—— 回范兄好詩

潑猴有心闖東協，墨色飄香觀星月，
飛龍出天不曾悔，白虹貫日平小賊。
花甲早登歌未歇，酒後紅顏伴老爺，
詩中自在顏如玉，書畫佳人樂終夜。

台灣五光十色詩誌

一、生日自唱和（春山遠望）

年去歲來歲月催，花開又落第幾回？
春山遠望任低迴，綠林花開現紅蕊。
遠山翠林日光輝，不信春心喚不回，

只見藍天一片雲，恰似群艷展花蕊。
江湖險惡神已摧，青春易逝永不回，
只餘寸心延晚照，彩霞日暮夜空垂。

清溪已枯碧山殘，鬼怪山頭四處纏，
借來除魔斬妖劍，春秋道上刀光寒。

〈盼除魔殺妖〉

江湖道上血光寒，書生無力抗野蠻，
欲問深山神仙計，老僧入定已忘禪。

〈欲問神仙計〉

山高林深展翠微，蝶歡花媚夢重歸，
忍將初心埋山色，且看春去春又回。

〈春已去，夢重歸〉

光天化日迎冷箭，砲火暗發禍連綿，
化為白骨仍殺敵，殘山剩水抱花眠。

（被小人射冷箭，仍迎戰）

二、悠遊淡水 4 首

淡水江山雲霧中，不見鳳凰不見龍，
要尋蒼鬱一點紅？只現山水空迷濛！

近河看山憶春秋，年去歲來付東流，
借問青鳥胡不歸？紅花綠葉夢裡求！

依山傍水望黃昏，樹綠花紅映彩春，
孤鳥山居夢崑崙，何日雲上朝至尊？

山影清清白雲奇，麗水悠悠年華去，
今晨悲歌空追憶，昨夜飛燕迎春曲！

三、詩贈友人與其他

（1）詩贈劉茵

年去歲來不留白，生死離散莫自哀，
詩情畫意更有情，錦繡文章展長才。

春去春來不留白，秋山秋色任徘徊，
且放雲煙江湖去，書畫江山春心在。

（2）詩贈印月法師

紅塵浮雲
紅塵宛如浮雲
色即是空
領悟空義
身心自在
浮雲恰似紅塵
空即是色
深解有義
身心實在
身陷紅塵
深染五彩
離棄紅塵
全無塵埃
再入紅塵
無黑無白
建設紅塵
更無掛礙
看似浮雲有千彩（空即是色）
深入紅塵更自在（色即是空）

注：贈印月法師。（她俗名蔣湘蘭，是吾老友，
　　現在是出家人）……

（3）舊愛深情 —— 贈台平兄，庭芳女士

沿著古典的韻律飛行
想起遙遠的身影
走過北京的春景
有初戀甜蜜的心情

傾聽雙雁傷感的悲鳴
憶起歲月的倩影
走過台北的秋景
有中年憂鬱的不平

悲痛雙翼折斷的蒼鷹
自深谷展翅飛行
仍然心懷激情
盼望燦爛的黎明

感嘆枝葉破碎的飄萍
回望歲月的殘夢
依然懷抱深情
追尋昇華的心靈

看破人世滄桑的幻影

領悟時代的悲情
心靈已然沉靜
千山萬水也要遠行

　　注：〈舊愛深情〉贈台平兄，庭芳女士……
　　　　紀念二十八年前，倆人在北京的初戀。

半生已逝多情種，無奈春花皆無蹤，
若憶前塵情意濃，獨留遺恨入夢中。

三十年來夢無蹤，孤雁單飛天涯夢，
若思再圓當年情，破法突圍心放空。

古都多情原是空，悲愁離恨古今同，
心懷初戀憶舊愛，且留春心掛夢中。

新夢舊夢雁成雙
情淚喜淚恨兩行
當年今天人可好
冬雨春雨離恨長

（4）詩贈項美靜（三首）

詩酒長論議江湖，玉女短笛吹相思，
帶來江南一片春，似煙似霧似有無。

蘇杭美女寫美景，浪花澎湃秀身影，

又有詩畫涵深情，似夢似幻似空靈。

雪花茶香天寂靜，秋愁春意難分明，
空憶江南無彩夢，閒遊禪寺悟真情。

四、紅塵桃花源二首

禪寺百年花中坐
佛法萬代人間留

觀音看花似有悟
天龍望石定禪機

五、生日記感

人世間	百年間	我飛翔	我獨步	太固執	有些酷。
是好處	也壞處	有失誤	有錯誤	偶迷失	偶有悟。
遊世界	走山水	增知識	看花草	望雲山	探妙境。
添膽識	金粉夢	青春事	夜宴歌	佳人笑	酒暢飲。
抱紅顏	似幻影	曾相識	江南好	醉花枝	欲留春。
留不住	春花飛	如影落	東流水	去不回	震心弦。
深感觸	飄花情	青春逝	春去也	不歸路	莫遺憾。
皆前注	回首望	不辜負	驚歲月	頻回顧	近白頭。
說故事……					

六、追憶韓公　羽化登仙

貌堂堂
志氣昂
遇苦難
不間斷
一指彈
見肝膽
似水長
淚輕彈
生死關
心茫然
歷滄桑
天下傳。

人和善
闖異鄉
創業志
目光遠
生如夢
人間情
如山高
憶往昔
一百年
思未來
滄海笑
建家園
好名聲

好兒郎
排萬難
路輾轉
常起伏
金滿盤
友互助
情意暖
成夢殘
天已寒
順啓航
路漫漫
立異邦
已立傳

山東漢
心思密
險中險
有成敗
中東夢
遭災變
思相聚
歡樂宴
秋風吹
天路遙
振精神
志氣堅
夢中夢

好學長
顯才幹
見戰亂
歷風雨
不平凡
轉平安
心情寒
路蒼茫
太艱難
人愁悵
心盼望
七海航
奇中奇

韓學長
急公義
求學路
四十年
終有成
有憂愁
君一別
七十七
再相見
古今同
在生者
遊天下
一生事

七、霧鎖碧潭二首

霧鎖碧潭浮煙漫
獨立空樹孤寂禪
飛渡碧橋入雲山
煙花時節江水寒

閒來看雲亦觀山
雲雀孤立似悠然

野煙輕霧天迷漫
綠蔭紅花憶江南

八、戀戀花蓮二首

（1）幻　化

隱藏了千萬年
在時間層層的夾縫中
因為藝術家用慧眼觀察
用心思索　再思索
探尋再探尋
在神聖的火焰之間
觀音的聖像
自玫瑰紅石中
穿越時空
悠悠然幻化顯現

（2）山海關不住

在山的故鄉
山成群結隊
和白雲擁抱
與日月同歡
面對著海洋
日月洶湧澎湃
迎向無限的未來
人稱山海關
然而億萬年的群山兄弟
和海姊妹組成的山海關
究竟還是山海——關不住

吳明興詩選

- 1958 年生於台灣省台中市
- 國立空中大學人文學士
- 南華大學宗教學研究所佛學組碩士
- 佛光大學文學博士
- 湖南中醫藥大學醫學博士
- 現任白聖佛教學院教授，主講《楞伽阿跋多羅寶經》、《金剛般若波羅蜜經》、《解深密經》、天台學、唯識學、佛教史傳等。

出版作品

- 《蓬草心情》（詩集，采風出版社　1986 年）
- 《詩人范揚松論》（論文，聯合百科出版社　2004 年）
- 《天台圓教十乘觀法之研究》（論文，花木蘭文化出版社　2014 年）
- 《中國學術思想研究輯刊・十九編》，第九冊（花木蘭文化出版社　2015 年
- 《法藏知津・二編：佛教思想研究專輯》，第十冊）
- 《蘇軾佛教文學研究》（論文，花木蘭文化出版社　2014 年）
- 《中國古典文學研究輯刊・十編》，第十五冊、第十六冊、第十七冊，花木蘭文化出版社　2015 年）
- 《法藏知津・三編：佛教文學與藝術研究專輯》，第九冊、第十冊、第十一冊

前　言

　　在二十世紀中葉的臺灣地區，因國體長期分治，斬斷我國新文學與新文化誕生已三十年的新傳統，而施行白色恐怖統治的年代，自新文學革命以降，前輩在外侮內鬩交加，生存艱難的環境裏，與沒有任何國產典範文本足資參照的探索進程上，以師夷長技的進路為進路，嘗試著創作出來，並漸能與古典文學頡頏比翼的主要作品，幾乎全因政治意識形態的蝸角之爭，被臺北當局以違憲的非法手段，打入思想統一的煉獄，致善於望風承旨的臺北國立編譯館，祇能將全部的新文學作品，從臺北教育部審定的各級學校語文教科書中掃地出門，使令出生於倭寇戰敗無條件投降以去，臺灣列島光復之後，成長於民國五六十年代的戰後嬰兒潮，在試著拿起筆來寫作新文藝作品的初始階段，就失去以前輩所奠定的基礎為師，學習漢語新文學的任何機會，以至平白走了許多冤枉路。

　　民國六十年代的臺灣是戒嚴令持續施行、八二三金門礮戰還在打、擁有一票否決權的中華民國把自己趕出聯合國、蔣中正與毛澤東相繼逝世、原中華民國在大陸時期的邦交國爭先恐後搶著跟臺北當局斷交、人民禁止出國、隨國民政府自南京舉國亡臺已屆齡解甲的國軍將士迅速老去但卻有家不能告老還鄉、禁書書目猶如懸在島民頂門的尚方寶劍、鄉土

文學與反共文學激烈鬪爭、反攻復國口號空喊入雲霄、十大
建設正在進行中的風雨飄颻草木皆兵的苦悶年代，當此臺北
當局治權依與美國簽訂〈中美共同防禦條約〉的違憲規定，
僅及於臺灣、澎湖兩島而淪為國際棄嬰之際，自覺具備文藝
書寫能力者，解決苦悶心靈的出路，祇有三條：

　　第一條是俛首當御用叭兒狗，塗粉抹朱，昧著良知，粉
飾太平，穩定軍心，而得以頻頻獲獎；第二條是以橫的移植，
自行摧毀民族信心，斬斷祖宗的文化根脈，結派拉幫，崇洋
媚外，學步於洋主子，寫不知所云，並自以為是現代的，或
超現實主義的作品，逃避現實，自我麻醉，集體自瀆；第三
條是就新詩而言，搜討我國文學流變史之於新文學的遞嬗源
流，我國新文學發生學，雖主要受西學東漸的外在衝擊，而
獲得文體形式與書面語解放的啟蒙，並因世界交通網路大
開、思想多元，而以新知識豐富書寫內容，但祇要還在使用
漢字創作語體新詩，在骨子裏就得以漢語思維呈現漢語語
境，並自覺的繼承早已與漢語語境融為一體的固有詩學的精
神傳統，而在深入西學的同時，立足於固有詩學傳統的精神
高度，與之間次俱進，體現我國固有文化善於銷釋異質文化
以壯大自我的包容性，展現自家應有的精神風華，也就是教
會波特萊爾等西洋詩人說漢語，而不是用背離生活實際的漢
字軀殼，寫不倫不類的假的法語詩、假的英語詩、假的德語
詩、假的義大利語詩、假的西班牙語詩、假的葡萄牙語詩，
但卻沒有能力用法語等外語，思維法語等外語語境，而寫出
真正的法語等外語詩。

　　毫無懸念，在無師自通的書寫困局中，本來祇想寫散文、
小說的我，卻在對中西文化詩學長達數年孤獨求索的路上，

梯山航海於牯嶺街沈埋在灰塵深處的禁書堆中，看到陷匪作家的新文學傳統，在書店街重慶南路、在南海路的中央圖書館，深入《詩經》傳統、廣涉新舊西學，致筆路所向，祇能走上第三條路，但我並非因心靈苦悶而動筆宣洩私意者，而是清楚人生在當時代的階段特質，將自我及與我相與而耳聞目睹，且足以撼人神魂的詩料，以自我作古的形式，筆諸於書，因大部分作品，尤其是對與我相與的亡臺老兵的書寫，俱與當道有忤，致本應「言之者無罪，聞之者足以戒」的風人之旨，變成寫實的欠砍頭詩，除最後兩首寫作時代環境已發生翻天覆地的變化曾發表之外，其餘的全與噩夢薶在黯無天日的牀底，今承范揚松教授點題，方得以在手握違憲權力，能把我以莫須有之名，下到大牢的人，全都走進歷史而為古人的四十年之後出土，趁便謄出來，讓以西詩翻譯作品的歐化漢語寫新詩、以西詩詩論論我國漢語新詩為馬首是瞻的學術西崽與二毛子詩人，開開目無家國詩學淵深流遠的瞖眼，看看不中不西的買辦論述與作品，是如何與臺灣當時代的生活真實，與應有的現代漢語語體詩學文化學思想無與。時民國一百一十年九月二十一日中秋節與嫦娥對影成仨次寫於插天山居停。

輯　一：詩人的人間行旅

看　山

下行夜車正在蘭陽平原馳行時朝陽恰恰從太平洋升起
鐵輪與軌道節奏規律合拍的催眠曲剛好在此改弦易調
中央山脈由東澳嶺領銜從此開始縱貫全省直到鵝鑾鼻
潛隱深海迭經無數歲月醞釀終於以驚天之勢衝出水面
無主無名億萬年沒人知道卻在當今被叫做臺灣的孤島
於焉在熔岩地震颱風暴雨洪水不停的淘煉下變成瑰寶
一剎那不眨眼靠著窗櫺托腮凝望雲屯霧聚陡峻的峰巒
既不宜農桑又不適遊牧即使狩獵與採集亦必困難重重
在那不通人間煙火纖塵不到唯有仙家高蹤去來的絕境
看來祇合生長神木孳育靈藥並一任日月星辰圓運無端

1982.02.16 寫於臺北

看 海

藍天上既有天公庇佑大地
世間則有父母望子青出於藍
大地既有淨化膿血的藍海
海中必有精粹無瑕的水晶宮
宮裏住著八十億諸大龍王
十大願王告訴如來性起妙德
從龍王宮殿涌進大海的水
是莊嚴閻浮提洲的紺瑠璃色
它能使潮汐依時運行無礙
無量海水中則有無數的寶貝
舉凡三寶都是眾生的依怙
靜心看吧如來智海就是這樣
它能讓有學無學盡得饒益
那就給它起個美好的名字吧
叫做四天下太平的太平洋

1982.02.17 寫於臺北

參訪臺中港

輝耀著金芒黃燦燦的當頭日華
照得晴空一碧無垠的萬丈炎光
髭髯遊子孤身離開故里的午後
依然爍亮得讓人滿心血氣剛強
祇是不見了招風摩雲的木麻黃
古樸田莊不見了的青籬與瓦房
連同原先僅容兩車交會的小路
道路旁隨地勢起伏蜿蜒的水田
也早被力拔山兮的推土機鏟除
並把遊子夜夜夢迴的鄉影粉碎
且在鋪上基石後拌入瀝青攪勻
隨即被單鋼輪壓路機一齊碾平
而成為貨能暢其流的通都大道
此際雖穩坐在通都大道的車上
想非常的建設必有非常的破壞
亦且張開觸景的退思奮翅飛翔
但破落的記憶卻再也拼不回去
窮荒世代的殘跡既已烟消霧散
何不以高瞻的視矚鉤勒新畫幅
轉瞬間已奔越過童年家山大肚

從傳說中呈現眼前的鮮明新象
正是航線遍佈全世界的臺中港
執政者既展現福國利民的決心
必能在了無天然屏障的浮沙岸
授權工程師以實事求是的態度
秉持著人定兮勝天的勇毅信念
顯揚一絲不苟的求真精神擘劃
並以史無前例可循的創造思維
採行務實的科學工法攻克難關
最終在無數泥水匠堅韌的手中
遵從藍圖標定的位置抽沙築堤
沿著穩穩深入海床的寬大碼頭
在焊工的鐵臂前架起貨櫃吊車
且看吧引水人正在有序的領港
領著來自五洲的萬噸貨輪進場
領著載往三洋的國產平安啓航
為大戰後凋敝的民生深入滄浪
為空虛的國計與險濤逆風相抗

1982.05.17 寫於臺中

兼程赴約・其二

夕曛被夜的帷幕從眼底收攏殆盡前
餘暉炫爛髩髟巧匠運神特調的丹鬃
把已經展現出樓宇聳峙的高雄城廓
校飾得讓人不得不發出詠歎的莊嚴
正看到入心時乍見亮起的萬戶家燈
必有一盞別為兼程赴約的故人守候
及至步出車駕你隨即舉手致禮如昨
那斬釘截鐵鏗鏘有力的一聲長官好
多少案牘並肩擬文批示的暮暮朝朝
頓然在家宴交錯的觥籌間遏起驚濤
你說無數回合沙盤推演的社會動亂
既然沒有像懼怕星火的連珠礮那樣
因居安思危而備患的假想接踵爆發
看來這世道的氣象還真有幾分承平
祇好解甲歸鄉當個老老實實的良民
你說良民能做得出甚麼豐功偉業呢
良民的勳榮豈不是得之於仰事俯蓄
於是白天在前鎮加工區的工廠上班
晚上帶著妻兒到六和夜市路邊擺攤
便是奉親男兒志在經略家庭的江山

1982.5.17 寫於高雄

告別烏山嶺

青霄丹霞皇穹溢彩流光草萊
恰炎曦當空水天沈碧白鳥浮蹤
雖無繫馬垂楊亦乏翠袖臨岸相從
卻有卸下戈甲拿起鐮刀鋤頭的野客
大可不必為知己者死的野客沿途遠送
一路攢眉蹙額的說豐歉苦樂半點不由人
如前些年過境的強烈颱風掃蕩得顆粒無收
再如去年竟不得不把血汗灌溉的碩果放水流
你強自約制早已壓抑不住而為前程設想的隱憂
祇因年事日高的父母不允許你放下祖田外出闖蕩
你說在這個工商業快速發展的大時代種地不如做工
在工廠準時上下班至少不用日曬雨淋還有固定的假期
每個月祇要時間一到就有薪水入賬還有勞工保險的保障
聽說年年加薪逢年過節還有獎金而且每月都有舉辦慶生會
說不定有機會認識兩相看得對眼的女同事交上朋友討上老婆
不像農夫起得比雞都要早天還沒亮就得貪黑出門除草施肥培土
如其天公不做美要不是青苗遇上霪雨根株無存的全爛在地裏
便是未熟青果碰上颱風肆虐僅在一夕之間就都被摧殘殆盡
如其幸逢雨水充足加上陽光普照的好年冬而喜得大豐收
卻又不得不眼睜睜忍受菜蟲張著血盆大口的無情盤剝

更何況鄉下姑娘不是上工廠做工就是到城裏當店員
你說留在農村的青年早晚變成無依無靠的老光棍
更嚴重的是各種工商行業的從業人員都有勞保
軍人有軍保公教也有公保唯獨農民朝夕不保
儘管政府口口聲聲說要建設農村振興農業
祇是青少年人一離開土地就再也回不去
正說話間公共汽車已抵達臺南火車站
午後污染的空氣遮蔽烈陽讓人窒息
你說還要趕回去鋤地而不能久留
看著你消失在誼隴市塵的背影
竟教旅食異鄉的人不勝落寞

1982.05.21 寫於臺北

行經紅毛樓

疾日的熾焰燃燒著皇天
沸騰的暑氣鬱蒸著后土
雖經過三百多年的歲月
仍感受不到降溫的清涼
無怪乎田莊漢種的甘蔗
連自己餓了偷喫都苦澀
像從熱蘭遮吹起的海風
像身上被榨出來的血汗
祇因荷蘭貪官全都相信
把槍托砸向華人的腦門
就會掉滿地閃閃的金幣
把皮鞭甩向農奴的脊樑
就會噴出滿天足赤金條
乃今依然可以清楚聽見
欲哭無淚而切齒的哀嚎
從濃密的樹陰深處傳出
直到哀嚎變絕望的憤怒
憤怒變孰不可忍的謀略
善以尚義結納的郭懷一
於是乘著人自醉的酒意

說與其忍受紅毛的奴役
在痛苦饑餓中默默等死
不如緊握鐮刀揭竿而起
與涉萬里而來的殖民者
決一魚死網破的殊死戰
如果承天之幸贏得勝利
臺灣就全部歸我等而有
儻若時乖運蹇不濟而亡
也比被剝削而喪有尊嚴
祇是鐮刀怎敵洋槍大礮
致令四千華人枉死沙場
無辜被屠殺的也有千數
乃今依然可以清楚聽見
從濃密的樹陰深處傳出
投生無路與失招的冤魂
還在番仔樓的週遭哀嚎

1982.05.26 寫於臺北

蹲在太平洋這面混沌魔鏡的水線前沿

靜靜蹲在太平洋這面看似混沌的魔鏡前
死在莊子筆下的混沌兩千年來並未死透
甚至百千萬億劫來都不曾真正徹底死去
祇有始終在無始無明中自相遮蔽的冥諦
總不肯在方生方死方死方生中頓然死去
當潮頭趁勢拔起自有浪花紛紛應聲破碎
自有浮漚在破碎的浪花下剎那生剎那滅
呼吸之間微塵類聚與乎金鑽的究竟崩解
都是法爾宛然如是的啊靜靜觀照太平洋
不曾太平的太平纔是真正的自在與太平
是以圜悟禪師要說色前不物深深海底行

2010.11.9 寫於臺東

輯　二：亡臺老兵的人間行旅

忘　鄉

他說謊他總是說他沒有故鄉
他堅不吐實他說他沒有籍貫
沒有故鄉就沒有惱人的鄉愁
沒有籍貫就沒有亡國的不幸

他穿著圍裙從三更忙到黯夜
在文火前默默燗著燉著熬著
在中火前默默煮著煎著蒸著
在烈火前默默爆著炒著炸著

口味偏鹹是年年舐血的記憶
口味藏澀是日日吮汗的習慣
口味入辣是夜夜垂淚的悲燴
口味微酸是時時驚魂的回味

在暑氣騰騰的壕溝裏血汗淋漓

在寒意颼颼的彈坑裏筋骨崩圮
在街巷寂寂的民居裏皮開肉綻
在陸沈的山河倭為刀俎我魚肉

長杓與鐵鍋鏗鏗鏘鏘的撞擊
那迴音恰似子彈打在鋼盔裏
敵機俯衝用槍榴磝掃射陣地
裝甲車碾碎遍野同袍的屍體

收工後的午後他不喫白米飯
他祇是默默喝酒喝著紅露酒
收工後的夜裏他不喫白米飯
他祇是兀兀喝酒喝著紅露酒

他總是坐在我面前獨自喝著紅露酒
我總默默陪他喝喝完了一瓶又一瓶
他總是坐在我面前兀自喝著紅露酒
並實話實說說他沒有故鄉沒有籍貫

1981.10.1 寫於臺北

掌勺司令的勳章

你說紅露酒既生津解渴又讓人坦懷舒心
問題是在這天寒的歲末你始終坦胸露乳
在烈燄掀騰的大竈前揮汗布雨來回突襲
自從你負傷僥倖存活了下來卸去戎裝後
誰也沒有看見過你曾經扣上前襟的鈕釦

每當你飽飫紅露酒時最大的戰功就顯現在胸前
你說二十七歲那年晉東與晉北倭寇向太原合圍
倭寇礮彈碎片給你送來了保衛太原有功的勳章
你說那枚連洗澡都不必取下來的勳章天生嗜酒
紅露酒愈喝它就愈紅愈喝它就愈紅得發紫發亮

當你用牙齒輕輕齗開第七瓶紅露酒的鐵蓋
倒栽半瓶後你眼睛陡射出愈來愈亮的火光
然後把酒瓶用力蹾在桌上並迅速脫掉上衣
隨即轉身說二十九歲那年慘烈的包頭戰役
倭寇又給你送來更多的勳章全掛在脊樑上

你反手抓起膁下的半瓶酒伸長脖子一口悶
照例把空酒瓶蹾在桌上然後轉身嘚瑟的說

三十歲那年五原戰役倭寇送來更多的勳章
全都從腔溝一路掛到會陰鼠蹊並直達內臁
要不是還有女工讀生在座你肯定脫褲展示

你說因為有那麼多不值得一提的勳章掛在會陰上
祇要天氣梢梢有變化就會從毛際痛起直到痛入心尖
你說這樣徹透肝膽脾肺腎腸胃膀胱三焦橫膈膜的隱痛
讓你沒有男人的能力在臺灣討老婆註定這輩子就要絕後
不知將來客死他鄉當以何面目面對遠在長城外的列祖列宗

1981.12.4 寫於臺北

江西老表

你半躺在三軍總醫院病榻上望著窗外漫天連綿多
日不停的寒雨

你仰頭有氣無力的說這時節不是應該下雪嗎臺北
怎會不停下雨

你說這雨讓你的刀傷槍傷礮傷從入冬以來就一直
痛到骨頭裏

你說蓋兩床軍毯雖然足夠溫暖就是冷汗還是讓你
凍到骨髓發抖

你瑟縮著打擺醫生卻祇能持續給你換點滴並加重
止痛藥的劑量

止痛藥讓你暫時不痛還是冷到無法入睡並時時在
噩夢中驚起

醫生祇好加重鎮定藥量好讓你在短暫的安寧裏胡
里胡塗睡去

祇是在胡里胡塗睡去時你並沒有真正睡去而是一
直在胡言亂語

你突然以充滿幸福感的笑容說媽媽我回來了從此
再也不離開妳

你用微弱的聲音說報告長官在前方一點鐘方向發
現倭寇縱隊

然後左手開著虎口右腕上**撐**食指輕輕扣著槍機等
待長官的命令
還沒等到長官下令開火僅僅一瞬間你的雙手就往
病榻兩旁垂落

1981.12.15 寫於臺北

絕密遺言

當淚珠停在你深陷的眼窩與雙手終於同時垂落前一個月
你邊喝紅露酒邊不斷扠手扶著不斷失墜的萬緒亂髮
你不斷扶著失墜的蒼蒼白髮髥鬣意欲直上九霄
你不斷扶著失墜的白髮髥鬣唯恐掉進深淵
老鄉們都說那是你久年不治的老毛病
你自己說自己沒毛病祇是偏頭痛
你私下說偏頭痛其實真不痛
你偷偷說你曾經是阿共
你說你是蘇區的兵
如一旦被查出
肯定槍斃
槍斃
跰
槍斃
一槍斃命
你說沒人知道
老鄉們也都不知道
並交待千萬不要說出去
如果走漏風聲會死很多老表
你還說那些老表雖然全都是老表

但跟你之前並不相識也沒有任何關係
如果也被槍斃不祇無辜還對不起他們父母
你說那雖然是五十年前的祕密但愈老愈感痛苦
愈老愈覺得隨時隨地都會出事隨時都會被憲兵逮補
你說你已經想不清爹娘的面目也記不得回家該走那條路

1981.12.16 寫於臺北

黃髮孤舟還在漂流

寒烈的疾風吹不了許多愁
還有屈指數不勝數的離憂
蘊釀著喝不盡的陳年苦酒
這等時節那無雜念掛心頭
幾盡終生的飄蕩本是孤舟
自從朝天門放棹嘉陵江口
縱穿三峽後幸其全身中流
江南遍地烽火不見迎春柳
但聞倭寇的礮彈噪叫鬼吼
還有舉國軍民救亡的戰鬬
祇如今倭寇早已投降敗走
唐山過海臺灣來又三十秋
賓客雖說黃髮相看萬事休
然而滿天流星何處歸北斗
欲待登高樓再看一眼九州
怎奈何腿腳獨向千古荒丘

1981.12.17 寫於臺北

老兵抄經圖

夕陽照在可以看到整座臺北城的大寬面透明玻璃窗上
銀髮迴映著大唐由盛而衰但仍不失奕奕神采的琉璃光
你端坐案前握著松烟墨臨池運腕而不覺沐身餘暉金芒
多年前你從牆上泛黃照片走下來脫去別著勳章的戎裝
天傾地坼九死一生讓你無處逃禪更不敢妄想世道遐昌
廉頗雖善飯亦能仗劍上馬唯其既已老矣何不別駕舟航
鋪展素箋緩緩搦管濡毫步武翰林學士規矩方正的舊章
一畫不苟懸筆而書能仁出經破塵水月鏡像慧日萬丈長
心正則筆正不外諸法空相遠離顛倒夢想苦厄一準平康
賢愚不肖生老病死總尋常你說船過洛浦遠客纔好還鄉

1981.12.26 寫於臺北

放翁之魂

連一聲但悲不見九州同的輕喟都讓你自覺多餘與不屑
日子總抽刀斷水水更流那樣無可奈何花落去便成永訣
春秋大義本在胡越一圈不意歷史竟然偏偏獨好兄弟血
你說這個禍起蕭牆的鬱結比同根相煎更教人感到邪孽
忠貞高節你說各為其主漫說功過月旦國是小命必銷歇
張目決眥每每舉杯你那仰天長嘯的威勢何其慷慨壯烈
曾經龍潭凱歸亦且縱身虎穴誓志把死敵倭寇連根誅滅
祇是人算不如天算風雲變化太無端手足鬩牆同胞裂絕
平地驚雷欲哭無淚誰見耄耋齒牙激切卻祇能吞聲哽咽
在聲色狗馬全不關的臺北你說美製武器最是親痛仇悅

1981.12.28 日寫於臺北
1984.06.03 重鑄於臺北

代老兵老劉等人上玉帝狀

民國壬戌年正月九日兵部駐守臺灣前戍卒劉等狀奏
民等謹具花果珍味菜蔬糕粿龜麵香燭茶餞牲楮鍬
蹕跪寶殿下逕呈寸衷伏願垂愍及時救拔終身倒懸
民等係跑錯朝代投錯胎淪落在南閻浮提洲的眾生
有一肚子委屈滿心苦情人間無處申訴的重大案由
既生逢亂世復遭兵燹幸其苟且殘生又歷國體裂解
乃今孤家寡人眼看早晚就木審知此生命定子孫絕
民等已耄耋行將客死非惟祖宗煙火無從萬世受饗
陛下與天地齊壽的永年血食誠恐亦將因此而俱斷
古聖說天視自我民視天聽自我民聽萬蘄太上明鑑
一旦歿後赦民等冤鬼回歸故里免成漂泊海外遊魂
臨闕惶悚仰望天庭詳裁早賜夢詔謹具奏聞祇候敕旨

1982.02.02 寫於臺北

回　家

縱使伯倫不自禁非得與知己喝酒喝到送掉老命
但被倭寇槍彈在胸背及四肢烙印戰功勳章的你
何苦當臺灣家家戶戶都在歡慶團圓的大年新春
跟自己過意不去的反鎖著門獨自灌酒灌到斷氣
電話中不勝欷歔的說沒印訃聞因為不知寄給誰
不知反服父反服母何在至於未亡人根本不存在
更何況從不敢想的孤子孤女與孝媳孝婿等姻親
如其行方失聯的鄉寅學友也全在臺灣海峽彼岸
海峽的水茫茫祇有同袍一炷馨香默默送你飛航
在保衛戰接二連三的沙場身中槍彈既然不知痛
可知化人爐一旦把骨肉筋脈燒成灰肯定不會疼
那就讓思念化成青煙駕馭東風偷渡回老家去吧

1982.02.06 寫於臺北

老 鄉

從最後一班公車的後門魚貫而下
路燈總是在街頭默默等候夜歸人
在巷口騎樓植有變葉木的宵夜攤
祇須一碗熱氣蒸騰的微辣陽春麵
便能在不知不覺間消解旅途倦意
你說小小饑渴算不上真正肚子餓
但想喫的心念就像留學臺灣那會
有種與這座島曾朝夕與共的情感
湘潭老鄉聽說你是香港來的稀客
眼光霎時巴眨巴眨的全都亮開了
髣髴看到了髣髴隔世復活的遠親
雖然明知不是還是拿話問東問西
三問四問無非為了打探大陸消息
你說吧他老有騾子脾氣絕不告密
就說大陸已經實行改革開放政策
你也早已全家回去惠州祠堂祭祖
老鄉說你怎不怕被政府抓去砍頭
政府你問那裏的政府英國政府嗎
你說香港華人愛那兒去就那兒去
英國殖民政府纔不管華人的死活

政府你問臺北的中華民國政府嗎
你說國民政府根本就管不到香港
如被列入黑名單頂多不來就是了
老鄉忽然湊近你耳邊放低音量說
說有一件不可告人的事想拜託你
拜託你在回香港後幫著轉寄家書
老鄉說逃出湘潭老家三十幾年了
不知高堂是否平安兄弟是否無恙
此生如果當真困死在臺灣回不去
一定要捎個信跪請兩老千萬原諒
原諒兒子媳婦和走失的孫子不孝
你說那好吧並請老鄉先把信寫好
不要裝進封套裏地址也要另外抄
明夜再來喫陽春麵時就順道拿取
回去後裝進信封用香港地址投郵
你說七八年前剛來臺灣讀書不久
就這樣幫過同學來自大陸的父親
你說放心吧為長者折枝理當分明

1982.03.16 寫於臺北

同桌共餐的孤老同袍

煙靄蒼莽落暉下的重樓黯影模糊不堪
引擎誼譁路燈點亮前大街小巷鬧轟轟
東奔西走南來北往下班人潮如濤似浪
敢是急著想回家與親人共享晚餐的吧
還是為了奔逐另一場酒食而臉色倉皇
隻身如昨走過暮景中幽陰沈沈的校樹
恰見披著圍裙油漬斑爛依稀血蹟未乾
還握著鍋鏟的伙頭將軍站在廚房門口
那眼觀四處耳聽八方蓄勢待發的態勢
莫不是太原保衛戰如火如荼打得正酣
看來眼尖的酒國大元帥早應目無餘寇
破顏騰笑肯定遠遠望見故人守約而來
故人挽袖飛步而來臨砧掄刀片瓜切菜
目無全牛的庖丁想來也不外就這樣了
一俟饑渴的學生們全都鼓腹滿意離席
擦桌洗碗後回鍋的殘羹剩蔬已然熱就
掌勺司令隨即親自下令直聲高喊開動
訓練有素自謀生活舞筷如操槍的老兵
立馬把戰場清空像甚麼事也沒發生過
然而穿著西裝的年輕上班族回不回家

或回家後有否與家人同桌喫飯誰知道
當下祇知道困在臺灣已長達三十三年
既沒有家人更是舉目無親的孤老同袍
坐在一齊喫飯流露的情感比家人還親

1982.03.25 寫於臺北

別有洞天

春陽朗麗暑日紅焰全都臨照不到
月華清輝繁星炳耀朔望圓缺無光
和風細雨狂颭霏霏對之迷惘惆悵
車流滔滔人潮囂囂衹能徒呼負負
從四通八達的馬路邊岐出一線天
側肩高樓夾峙的牆根踏上水溝蓋
跟著霉濕愈來愈沈重的氣味前進
深入臺北城別有勉強安身的黯巷
你說日寇時代蘦貨的三層老倉庫
內部用甘蔗板密集隔間的出租房
雖沒有窗卻掛一盞即點便亮的燈
還有一張再牢靠不過的帆布鐵床
公用衛浴俱全衹是嚴禁開火燒煮
好就好在每月衹要臺幣八百塊錢
不來幫你搬擡行李還當真不清楚
你竟然有本事在此屈身繭居半生
白山黑水黃河長江你說年少流亡
睡過戰場遍地屍臭嗿鼻的死人堆
管他蚊蟻蛇鼠寒霜冰雪凍入骨髓
也不知多少次在亂葬崗落腳酣眠

從來沒有機會碰到可做伴的孤鬼
如今既有地方躺平加上枕頭棉被
何況午夜時分鄰客鼾聲聽得分明
讓人知道自己仍然好端端的活著
要說世界真的有幸福也不過如此
誰能說這不是人間最溫暖的天堂

1982.03.27 寫於臺北

電　刑

碧血雖然在歲月中失去讓人恍慄的鮮亮光潤
但在歷史沈澱下卻早已凝聚成紫黑色的遺痕
你說自古以來一將功成萬骨枯大可不必當真
問題總在季節交關時必有千萬尾蜈蚣爬滿身
不論醒著抑或鼾睡更有指不勝數的毒蠍虐心
髮髻每一條神經都受到電刑般痠麻痛癢難忍
更何況倭寇侵略軍的礮陣始終都在夢裏翻滾
唯你縱使被酒所困也絕不在無告的獨夜噸呻
否則喪國失家的離魂勢將不知如何自行安頓
祇好將愈老愈思念家鄉的苦楚往肚子裏硬吞

1982.04.19 寫於臺北

落日下崦嵫

晦明不定的穀雨恰好趕上了晚晴
陪你一齊登上樓頂遊眺薄暮烟景
滿巔驚蓬狰然教人心眼怔忪怦營

斑斕無狀的紫磨流霞使倉頡束手
油彩大師莫內恐怕也要對之犯愁
未卜見故鄉祇有詩聖說得出離憂

雖經無數風雨摧破後重築的飄颻
白鷺依然列隊結伴回到山中舊巢
舊巢安棲著每天都要團聚的同胞

忍令倭寇轟炸下的袍澤盡成孤鬼
猶有遭逢內戰棄國的流人無所歸
如今都已沈積為滿腔無告的怨懟

想當年風華盛茂的青絲不堪殘歲
先是黑髮在不知不覺之間鬢毛催
此來不多時居然轉身就滿頭銀灰

有道皤皤華首是耆德智慧的表徵
你泠然的說已經沒有力氣瞎折騰
天若有情輪不到老兵拖死去抗爭

1982.04.26 寫於臺北

內　戰

鬢髮蒼蒼的老兵一旦他鄉逢故人
交錯海碗栽酒時總是備覺意氣盛
進而飛濺著涕唾交相爭說話當年
話說當年如何在長江岸黃浦灘頭
在黃河畔珠江口殺倭寇保家衛國
一直殺到小倭寇跪地投降舉雙手
祇是世事難料誰料得到殺到最後
居然變兄弟相殺兄弟一開始相殺
便殺到六親不認骨肉離分恩情絕
殺到人性泯滅草木摧折鳥獸驚心
殺到腥風血雨天昏地暗日月無光
殺到飛沙走石廬舍毀棄田園荒蕪
殺到腦門冒火七竅生煙刀刀見骨
殺到五內俱崩血流成河肚破腸露
殺到身首異處屍橫遍野魔嚎鬼哭
殺到祖宗膽寒諸神不安子孫難堪
殺到親者痛仇者快殺到逆浪瘋狂
殺到黑水溝臺灣海峽仍誓不罷休
殺到投降後的倭寇隔著東海大笑
殺到軍火販子美國連做夢都叫好

殺到今天軍中訓練刺槍術的號令
祇要長官一下達班兵依然在喊殺
殺到軍隊警察憲兵鎮暴的盾牌操
向前跨步的同時更要連喊三聲殺
如此深重的殺心好像不殺到滅種
就有人睡不著覺甚至喫飯也不香
被追殺入臺的兵真教人滿懷憂傷
如其不海碗裁酒餘命將怎麼過活

1982.04.29 寫於臺北

眞恨不得飛也似逃回家

渾渾沌沌沈沈淪淪溱溱潰潰滾滾汶汶流雲湣湣
隨著盤旋在淡水河口的海風偶或吹來雨絲如鋼針
針針都深深插進你那絕望無倫而又讓人錐心的眼神
但見魚船與舢舨在濁浪上滉蕩就是看不到回家的客輪

嘈嘈嗷嗷嚌嚌唧唧噥噥吰吰喳喳啞啞嘎嘎呱呱的醉歌
刻意忘鄉者緊抓酒瓶吞吐打結致令喈喈如吸的脣舌
咭咭哼哼的悶唱著牆裏栽花牆外開唱著卒子過河
唱著衹有在噩夢裏被媽媽日夜牽掛半生的訶責

唱著對對蜜蜂採花來那是你離家時媽媽的交代
媽媽千叮嚀萬交代一旦復員返鄉就趕緊遵禮納采
不要耽誤人家姑娘的青春不要斷送列祖列宗的血脈
你說滯臺三十年累金鉅萬臨老不能回家衹好拿去填海

海啊海一道戰雲密布距大陸東北淺淺短短的臺灣海峽
卻被層層禁令與防哨封鎖膽敢越雷池一步肯定被抓
你說真恨不得趁著夜色重重的掩護飛也似逃回家
看來衹有用苦酒硬把自己灌醉的人纔敢說傻話

1982.05.01 寫於臺北

盛世魅影

曦光把封錮喜夢未竟的殘夜
塗上一層嶄新而且敞亮的鎏金
單單瞥見那滿城迷眩的幻彩
如果沒有拆爛污的閑事掛心頭
臺北的意象也可以這樣美好
而不至於被獨具火眼的人看穿
臨安盛世居然是亂離的魅影
你倚身在飛天旋梯的鐵欄杆上
晨暉將滿頭銀絲映照成霞焰
在讓人暫時忘卻悲恨的暄風裏
從樓下中庭傳來的童言童語
聽得早就該升格當老太爺的你
竟然看得跟真的有滿堂兒孫
萊服承歡在膝下一樣醉態可掬
祇是在不知不覺中伸出的手
忽地孤懸在半空亦且顫動無已
然後像枯槁的殘枝緩緩垂落
接著背對早已照徹天宇的日陽
舉到不知何時失去笑意的臉
並用假動作掩飾偷偷抹去淚痕

你說最近老是夢見一羣孩子
忽焉在前欲抱在後圍著你玩耍
還時不時的拿出糖果要你喫
你還說小孩子的嬉戲聲真好聽
就像媽媽每晚輕唱的搖籃曲
媽媽輕輕唱輕輕的唱著好寶寶
好寶寶乖乖乖乖的閉上眼睛
睡到天光大明鳥兒會把你叫醒
此生要是沒有流亡到臺灣來
你說此時應該在老家含飴弄孫
不意為保家衛國而戰的下場
無論如何絞盡腦汁就是想不通
最終的結局竟然是舉目無親
竟然變成顧影自憐的孤單老人

1982.05.16 寫於臺北

蝸居地下斗室的流亡者

映透雕花玻璃缸的背景彩燈浮光閃鑠
忽而嫣紅金橙猝而鵝黃鴨綠時而鬱藍
瞬而銅靛麗紫頓而虛白使人眼花繚亂
埋在缸底砂礫與珊瑚礁假山下的馬達
不時泵出骨碌響的氣泡但一冒頭就破
氣泡帶動微弱的水流讓魚藻半死不活
看起來就像布邊縫線斷脫很久的綵衣
既漂而不墜又伸而不舒衹是不勝襤褸
你說常年傲居在公寓地下分租的斗室
夜夜躺在異鄉讓流人失眠的行軍床上
髮鬈永遠被困在找不到路逃命的墓壙
困在似醒非醒似睡非睡的絕對黑寂中
衹能在濕濁卻久而不聞其臭的霉味裏
輾轉側聽自己孤獨的心跳實在很可怕
實在駭怕就在仔細聽著自己的心跳時
聽著聽著忽然間就聽不到任何聲音了
你於是把異彩教人始終驚艷的熱帶魚
養在床尾牆根埋有沈水馬達的玻璃缸
並在空隙間佈置一排節慶用的裝飾燈
好使老是在睡不入眠的深夜聽著看著

在似睡非睡似夢非夢的夢中分明聽見
從高雄港或基隆港軍艦啓碇的馬達聲
愈來愈急愈急促愈大聲的絞動螺旋槳
螺旋槳迅速攪起的氣泡也是骨碌作響
而自己正揹著帶刺刀比身高高的步槍
不勝緊張的忙著把彈藥口糧搬進貨艙
就像當年在閩北莫名其妙被抓丁那樣
被抓去幫不知為何要叫他做長官的人
一箱又一箱不停擡他老婆孩子的家當
然後被強行截留在汗酸嗆鼻的軍艦上
冒名頂替陣亡軍士的空缺讓人喫糧餉
隨即趁夜色摸黑駛進風雲險惡的海峽
駛向讓你從此找不到路回家的臺灣島
在似醒非醒醉眼矇矓的彩色光影之下
清楚看到鬢髮斑白但容顏模糊的高堂
站在大門口破涕為笑的及時燃放鞭礮
同時努力伸出雙手用嘶啞淒楚的鄉音
喊著你的乳名奔過打麥場迎接你回家
祇是像機關槍掃蕩般的連珠礮爆炸聲
總是讓你在逃跑的路途嚇出一身冷汗

你說這經常把你嚇到發抖嚇到跌下床
嚇到四肢無力並且癱坐在地板上發獃
驚魂喪魄似的久久發獃然後嚎咷大哭
就像當年在南京口岸擠身逃亡人潮中
擠著擠著就跟父母在途中擠散了那樣
跌坐在大人腿腳蹭來躥去的碼頭邊沿
冒著暮春黃昏寒慄入骨的雪嘶聲哀告
哀求爺爺上告奶奶幫著免費扛抬行李
然後緊緊跟在間不容髮的難民狂潮中
被夾帶上京滬鐵路開往上海的火輪車
但哭久了眼淚哭乾了就再也哭不出聲
如今祇能窩在黑寂的墓壙中輕聲乾咳
亦且不能像往常那般使盡力氣咳出聲
不然又要招來新鄰房語焉不詳的詬詈
可你心知肚明在深夜偶爾咳出的悶響
儘管齩緊牙關祇是讓它在鼻腔裏引爆
也會惹起同樣失眠的鄰房用臺語咒罵
罵你是打輸跑贏的草鞋兵罵你死阿山

1982.05.31 寫於臺北

中氣不足難成曲調的簫聲

鋼琴氈鎚以八百分之一秒貝多芬的英雄閃擊
激宕鋼絃以一百二十分貝迅速裂解的極弱音
至若故鄉望城鎮逢年過節歡鑼喜鼓的微弱音
則早已被風聲鶴唳的歲月虛耗得聽不真切了
唯有曾經用來催魂索命撼徹殺場衝鋒的號角
仍在殘年夢境裏不時以低音輾轉著白山黑水
祇是這一切雄大的聲音都敵不過倭寇侵略軍
八九式一百五十釐米口徑加農砲在耳畔爆炸
在黃河岸在長江邊撕裂天空粉碎神州的巨響
然而那些沒天沒地沒人性的攻防與拉鋸征伐
到而今都已被被從倭寇砧板解放的島民遺忘
甚至連自己日益消褪的記憶再也記不清楚了
到而今祇賸一管被手汗沁得氾濫幽光的尺八
在老驥暮年的朝陽中試圖為不期邂逅的旅人
試著用十指搓空理順良宵讓人反側的工尺譜
試著再度吹奏一闋始終不成曲調的馬蘭之戀
叫阿花的馬蘭姑娘既不知新建縣也不知望城
更不知手臂上為甚麼要黥刺地圖與殺朱拔毛
每次偷偷私會阿花都會追問何時還有豬肉喫
然而當他人婦阿花已他適四十年並物故已久

被訓練終身以殺人為業而不殺豬的單身老兵
始料所不及在異鄉也終將跟著枯葉逐漸飄零
老兵不死祇是逐漸凋零住在馬蘭榮家的老兵
與志在千里的毋忘在莒大業竟爾失之交臂了

2010.11.08 日寫於臺東

在馬蘭特為望城老表難成曲調的
簫聲喟然協奏

當倭寇軍閥推著大礮摧陷望城家園的時候
沒有耶孃妻子走相送的小楞子偷偷喫糧去
祇有肚破腸斷胸爆心摧肝裂的親人與童伴
躺著趴著橫著斜著倒在無聲無息的血海中
偶聞牽衣頓足的哭聲哭著哭著就沒了聲息
沒了生息沒了家小楞子從此在自己的故鄉
在自己的故鄉失去了家小楞子從此沒了家
沒了家的傻小楞跟著鄉勇竄入山中打遊擊
然後被收入民團跟著長官從少年打到青年
青年大楞子手中的柴刀木棍換成肩上長槍
拿得動槍殺敵的青年終於驚動了各路官吏
江西蘇區與贛南專員的武吏總是連夜點兵
民兵被活捉就變成堂堂正正喫糧的正規軍
肩著槍拖著礮回首南京漢中門外的大屠殺
回首淪陷已長達七年哀鴻遍野的故里南昌
回首沿著鐵路沿著長江從下游倒劃到中游
在敵機肆意投放毒氣彈大轟炸的武漢三鎮

如何被倭軍波田支隊用百輛坦克徹底蹂躪
然後是黃鶴一去不復返先天下之憂的岳陽
然後是上控巴蜀下引荊襄的川鄂咽喉宜昌
然後是噫吁戲危乎高哉開國何茫然的三峽
就在地崩山摧壯士死於難於上青天的蜀道
倭寇轟炸機用炸彈歡慶大楞子十八歲生日
所幸沒有變成河邊骨且終於成年的大楞子
終於來到了遍地充斥著國難財的陪都重慶
從滇緬公路運來的藥物食糧菸絲乃至毒品
全以十百千萬倍的天價倒賣給逃難的災民
文化人藝人則繼續著哀莫大於心死的歎氣
繼續以耽美的濫調緬懷著上海灘十里洋場
大權在握的官爺則忙於狎抱後庭花與置產
並到處張貼莫談國是的標語封堵所有口舌
至於軍頭們永不停息的內鬨更是愈演愈烈
倭軍敗象愈明確對內黷鬥就愈加明目張膽
這讓張著銅鈴大眼的下江佬看得眼花撩亂
祇是早看晚看左看右看看久了就看出門道
已懂得世道的青年傻大楞終於不再犯傻了
並開始自問自甚麼人亂說匹夫有責的譚話
然後是飽餐兩頓原子彈的倭寇無條件投降
是回鄉路斷的復員即使回鄉也無以為家啊
祇好繼續拖著礮扛著槍喫著兵荒馬亂的糧
當兵荒馬亂的雙十協定促成槍口朝內調轉
槍口朝內短短四年便把全盤江山徹底翻轉

徹底翻轉的江山把大楞子捲過了臺灣海峽
雖說不再犯傻了但也從來沒有鬧他個明白
不是信誓旦旦的說一年準備兩年反攻來著
不是都說風雲起山河動三年部署四年掃蕩
不是大家都不疑有他的振臂宣說五年成功
因此以鐵的紀律臥薪嚐膽毋忘在莒為典則
接受動員戡亂時期臨時條款統制民主思想
並在師老兵疲的三十八年後開放大陸探親
祇是無親可探無家可回無人與聞的老楞子
與阿花無緣成親以致蹉跎青春韶華的遺老
始終都想不通被自己捍衛終身的臺北政權
臺北政權的篡權者居然公開向老兵們吐痰
邊吐痰邊得意忘形的稱說太平洋沒蓋蓋子
然而太平洋啊太平洋雖在一箭之遙的眼前
祇是無名的暮年壯士儘管走得到岸邊灘頭
也已經沒有從一猷就是超過一甲子的臺灣
懷抱著始終想不通想不通的餘力縱身噗通
而今祇賸下千刀萬剮的心痛早也痛晚也痛

2010.11.08 寫於臺東

范揚松詩選

- 1958 年 10 月出生於台灣省新竹縣人
- 美國普萊頓大學、瑞士歐洲大學企業管理博士、國立交通大學管理科學博士研究，企管碩士。
- 現任大人物知識管理集團董事長，SI 分享經濟平台營運長。曾任行政院台三線跨部會委員，瑞士歐洲大學台北分校校長、博導。
- 曾獲香港孔聖堂全球徵詩首獎，二屆國軍文藝長詩金像獎，新詩協會優秀青年詩人獎等，出版詩集五冊，專著二十餘冊。

出版著作

- 俠的身世（采風出版社　1980 年）
- 永遠的旗幟（合著，黎明文化出版　1981 年）
- 帶你走過大地（松竹梅出版社　1983 年）
- 木偶劇團（龍門文化出版　1990 年）
- 尋找青春拼圖（聯合百科出版　2007 年）
- 愛河流域（合著，聯合百科出版　2015 年）
- 大哉問青天：詩，生命及其不滿（聯合百科出版　2016 年）

相關著作

＊《嚴謹與浪漫之間：范揚松生涯轉折與文學風華》
　　　　　　　　　　（陳福成著，文史哲出版社　2013 年）

＊《詩人范揚松論：真實生命的彰顯與回歸》
　　　　　　　　　（吳明興著，聯合百科出版社　2014 年）

＊《緣來艱辛非尋常：賞讀范揚松仿古體詩稿》
　　　　　　　　　　（陳福成著，文史哲出版社　2016 年)

前　言：人間行旅講學趣

── 范揚松旅遊講學詩小序文

作為一個詩創作者，我對天地萬物、社會現象充滿好奇……
作為一個顧問教學專家，我必須往返中港台星馬泰之間……
作為一個創業家、經營者，我常跨越感性與理性，美學與數
量……

　　我的人生充滿了變動與挑戰，不純學術象牙塔裡的學者，
而是跨校跨地區的企管商學教授；不是一般的文人雅士或騷
客，卻一輩子與詩歌藝術文史哲出版結不解之緣；不是純粹傳
統汲取利潤的生意人，而是跨產官學相關領域都踩踏出我的足
跡。

　　回顧一甲子人生，喜怒哀樂、悲歡離合都經歷過，多元、
跨界的生命形態，使我面對諸多生命感悟:社會事件與政局錯
亂，都有興觀群怨的激動與臧否，於是我忍不住想創作想表達
自己的情緒與見解。詩，是一個我熟悉的表達形式，從現代詩
到近年我著墨甚深的藏頭詩，都是紀錄生命的好工具，這些詩
作承載了大量的情感、知識價值與政治立場，很明顯地我有強
烈的詩以載道的使命感與熱情。誠如吳明興博士在「詩人范揚
松論」一書中指出，范揚松開創了「講學詩」新領域！

　　我應邀中港台五六十個城市授課演講，投資顧問，企業考察，也偶有部分藝文論壇行程。因工作而旅行在城市間、國家間移動，有目的、有任務，絕少為旅遊玩樂而移動，最多在出差任務完成後，多停留一、兩天，做短程的旅遊當地名勝古蹟，或與友朋餐敘，做為點綴。

　　我的旅遊詩創作，可歸諸為「講學詩」的一部分。由於停留某地的時間不等，詩作也多寡不一，有多則四首組詩，或僅錄一首。

　　五位詩友合集〈人間行旅〉詩選中，選錄的作品中部份為現代詩形式，近幾年因偏愛藏頭詩古體詩創作，亦選錄相當比例以供分享。

　　藏頭詩須先訂立詩旨，提煉出二句八個字，分別嵌頭，再籌謀佈局發展詩句，當然用辭遣句要引用典故，不能胡湊，最後，要押韻腳，起承轉合中要有韻律節奏。目前創作了三千首，自詡為現代藏頭詩人，此次僅選極少部分，最後以〈人間行旅・詩以載道〉做為結尾：

范楊松悅嵌：人間行旅・詩以載道

　人歡馬叫闖邊關，間不容瞬去復還，
　行遠負重不肯棄，旅羈他鄉亦遊玩！
　詩腸鼓吹入雲端，能文善武幾輾轉，
　載筆浮白斗詩篇，道藝深耕愛承傳。

逆　旅

——寫給自己的生命旅程

時間的川流，紛紛，自額頭竄逃
千吠碎浪，在耳膜深處嘩嘩響起
愴惶的視線啊辨識不了地形險惡
只看見斷崖深淵，鱒魚迴游而上
原鄉旅途中，橫著重重叉路險關

逆流之下，湧起錯綜交纏的漩渦
旋轉不開亂石壘壘的疑陣，溯溪
千里，冰的零度逼迫呼——吸——聲
揮舞不懈的鰭，向驚濤湍流拍擊
沉浮一瞬間，穿越過生死的邊緣

逆流而上，水岸退在奇巖怪嶺裡
等待，擺渡的船家撐開汹汹亂流
劃破青澀投影，歲月默立兩岸
不斷浸蝕、不斷崩落軟弱的泥石
剩下陡峭嶙峋，緊緊咬住斑駁傷口

空間似乎更瘦了，窄仄甬道無盡頭
哀樂中年從深谷直奔而來，鑼鼓起落
聲聲敲打著左心房；瘖瘂的哨吶
吹響──年少的飛揚與繽紛的想像
一隻迴游的魚，吃力地喊著童──年──

2005.10.10

孫中山・革命行旅

──赴中山大學授課幷宿黑石屋

──大學門內，鬱郁枝葉交織著記憶密道
將時空緊緊纏繞在亂石累累的岩層裡
天地線邊緣，懸掛著歷史的烽火炮
尚未擊發，星光在悸動中紛紛墜落
革命的步聲呀！躂躂踏響每個心房
晦澀的暗語，傳遞大好頭顱的重量
肝膽映照裡，火種搖晃而生生滅滅
在黑石屋壁爐底的灰燼，猶有溫度
被火吻遍的石頭，猶堅持一種
拒絕熔化的硬度──

　　　　　（午夜夢醒，先行者的唱歎風中迴蕩
　　　　　　轉輾反側地想：烈士們是否安然入睡）

大學門外，黑石屋門窗向星空對話──
論辯著革命的路程與慾望的城池
在夜巴黎聒噪搖滾中相互叫囂攻詰
然後吆喝飲盡特調的流金歲月
酩酊無罪啊踩著斑駁血跡離去
高空煙火，轟隆炸向愴恍的腳步

珠江之夜，燦爛如花如胭脂異彩
我鎮靜在壁爐邊，揣摩著北伐的
旅程，火花在眼瞳裡血脈裡燃燒著
即使霜微入侵，黑石屋仍瀰漫不褪的熱……

　　附註：2013.12 月應中山大學總裁班年會之邀，
　　　　　赴廣州中山大學，與當地企業家學員 300
　　　　　餘人在小禮堂授課，夜宿黑石屋數晚。黑
　　　　　石屋為孫中山的住所，小禮堂為他與宋慶
　　　　　齡發表演講之地，躬逢年會安排，令人緬
　　　　　懷歷史情景。修稿於 2014.03.20。

燃燒吧！木棉

記遊台大羅斯福路木棉花開
有風拂過，搖醒聳入天際的枝椏
雲端潑落黃金色澤卻火樹銀花升起
你在風景中凝視，惦量春天的速度
不及轉身，春色已蕩漾洶湧而至
火苗暖烘烘，從天穹高處點燃
烽火蔓延，釋放戒嚴以來鬱鬱卒卒
你從天而降，乘著絲帛脆裂的歌聲
迎春笑靨，裝飾著跌宕起伏的音符

隨節拍綻放、舞踊急好湍
觀想遠方，蕞爾身影匐伏翠綠潑墨裡
自嘆人生跌宕，繁華若夢又如何
在心在眼，盡是浮現慈眉觀音，不語

　　　（青烟嬝嬝盤旋，環環接引天穹肅穆
　　　殿深處，木魚敲醒無生經文）

潭深不語，記憶濺濕墾拓的足跡
華麗或者落寞，瀲艷波光熰爍不已
水勢漫漫—訴說世事浮沉與轉折
月出觀音啊，海岸河畔濤聲滾 —— 滾 ——
見山豈是山？黑潮暗流從腳底伏竄
如泣風雨，催促步聲一程又一程—
來去淡水，流浪的琴音扣痛每一根弦

（不安的經文，在因緣果報裡流轉 ——
回首江湖，你卻已禪定如一尊白瓷觀音）

寫於 2013. 09. 15

附記：陳福成教授寫「公館開發史」，特邀詩友
十人共遊寶藏巖，該觀音寺為台北三大
古寺之一，就在住家公館商圈附近，它見
證了台北城的開發史。詩友明琪拍攝一幅
對聯「石壁雲天觀自在，潭華水月見如
來」，心有所感，以對聯崁頭作詩以誌之。

客家土樓印象記聞

天穹在歷史迴廊裡的一聲嘆息—
千年以後，凝滴成一顆顆棋子
散落在重巒疊嶂的山壑間，佈陣
時間刀斧，叮叮敲開斑駁的想像
數唸掙扎過的險巇與踉蹌步履
記憶在燃燒，兵燹烽烟在血脈中
奔竄，日頭已傾斜，雲層正剝落
每個流離都是傷口，荊棘刺向身體
雙手凌空一抓，痛竟是滿山遍野的
九腔十八調，心情繁複激盪又低沉
視線停在最高音流轉處，凝固為
綿延山勢起伏，幽幽土樓啊
剎那成了一個個頓號、句點
一個個將相王侯的驚嘆號—

　　註：土樓高聳又大量，百子千孫肚裡裝，
　　　　血濃於水戚誼好，互相照顧勤來往。

拔地聳立的句點，可是流離終點
圓弧環抱，天地將自己圍成太極
雙魚飛躍中萬物生成，巍巍城牆
銹蝕的鐵門與石垛，堅毅地守護
每個故事轉折都成驚嘆號，驚呼
四角八卦樓，樓中有樓樓上有樓

樓樓相砌相扶持，向天滋長
血脈撞擊聲彷彿吹響征戰——
號角，祖宗的言語在唇齒間躍動
傳達著糾纏的密語與鄉音，找尋
相應的節拍，在顛沛的旅程裡
跨越山陬海崖，穿過瘴雨蠻雲
一首歌，已然瘖啞仍不肯停歇
土樓環抱裡，猶踩踏著古老鄉愁與韻腳……

寫於 2011.07.10

註：本句引自《土樓之歌》系列
　　詩作中第七首。

自季節中‧穿越

——記春末佛山講學初旅

（君自故鄉來，應知有驚蟄春雷，陣陣
紅艷艷花瓣，在枝椏上捕捉流雲方向）

五月驟雨撲襲，草木用墨綠渲染南方
季節的容顏，妝扮斑爛花色——蕩漾——
你隱身於後，飛揚髮茨舒捲如山勢
山勢起伏是你的喘息，躁鬱中遇見
自己，在距離之外探測陌生的寬度

距離在心裡壓縮得好近，卻在交錯中
遙遠如晦澀的語言，不斷地揣摩、猜想
季節的唇語欲開又闔，聽不見花開聲音
軟軟腔調，感染著暮春的遲疑與矜持
只能一口口啜飲紅葡萄，等待醱酵

微微的酒精，溫炙著每個華麗的詞藻
意象與文法則如光澤的珍珠，環飾頸間
圓潤的珠子緊緊依偎，拘謹而伏貼
呼吸之間，在季節胸口前不安地推擠
我必須鎮定，那微醺的酥胸紛然欲裂

六月初夏，在歲月蛇腰邊寂寞徘徊
側身眺望，蜿蜒的海岸線拉遠所有視線
曲線迷惑滿天星子墜落，啊跨出季節

想像的冒險，碰撞出無數火光與驚呼
濃稠的蟲鳴潑來，我們正疾疾穿越陌生的疆界

（揚波千層浪，襲捲一季的燠悶與躁動
　松月照人間，夜空下我們起舞翩翩……）

附註：五月末六月初，應華師大張君紅主任之邀赴
　　　佛山講學，當晚與校長及主任們餐敘，酒酣
　　　耳熱，十分盡興，美人佳釀，流金歲月，特
　　　寫一詩以誌之。另〈揚波千層浪，松月照人
　　　間〉為友人相贈之對聯。

旅程中兼致蘇菲—首

流放的心跳，在引擎聲裡拍擊著
恍惚天際線雲端飄浮，殷殷凝望
誰將歸期繫上疾疾飛撲的翅膀
流放的瞳孔，在滾滾沙塵裡搜索
追尋一個不遇的身影，如何聚焦
從車聲喧囂到古樸的煙雨江南
流放的耳朵，將自己遍植在旅途
捕捉風的訊息與你隱忍的咳嗽聲
在蜚語流言裡，描摹遠逝的方向
頭髮也要去流浪？卻被秋意裹住感覺
無法辨識柚子花香或玫瑰味道
遲鈍地依稀聞到記憶中柑橘的香氣

啊慾望在流放，在身體內發酵
微醺的酩酊，搖擺著緩慢節奏
零散的韻腳又如何預約起舞翩翩
讓想像釋放吧！松山機場到深圳——
深夜轉進昆山再嚮往著嫵媚上海
在城市與城市轉輾，在床與床間
擺盪，在白日與黑夜邊界上迷惘
每一個流離失所的夜晚都顯現
朦朧身影，種子一般埋藏心底
暗暗發芽抽長，根鬚愈縈愈深愈-
緊緊抱住焦躁的心跳，風酸楚地說——
愛在心中，為何苦苦流放自己到天涯……

寫於 **99.10.10**

昆山行旅秋雨江南

小小江山，懷抱著夏末的溫煦——
橋拱向南北演繹整個季節的風景
流啊流不盡的水勢，浪聲潺潺向東
水湄裡，你堅持用單薄的身影眺望
好景能常在，視線拉高天際線
人潮已散盡，擁別的體溫已微微了
家在他方，等待的門窗總是默默虛掩

秋風漸起，自書頁吹落陣陣嘆息
逃避不一定躲得過，面對不一定最難受
孤單不一定不快樂，得到不一定能長久
失去不一定不再有，轉身不一定最軟弱 (註)

斷續的煙雨，霧鎖斑駁青石板
腸道鳥徑蜿蜒自心中，秋意已濃
人在江湖，流離的跫音蹭跟踩踏
卻敲不醒一夜酩酊的記憶啊——
在夐遠天穹黯黯顯影，星起星落
天空黑沉而濃稠，潑來灑向——
涯岸的燈火，明滅著瘦瘦瘦瘦的想像——

寫於 2010.09.09 昆山旅次

註：此三句為吾友許明堯撰寫之佳句，借用之。

時有墜花落胸前

── 讀家業兄詠嘆桐花並記遊

乍洩春光，漫漫飛舞季節的想像
熱鬧滾滾，鑼鼓催醒沉睡的驚蟄
還在徘徊嗎—山歌韻腳踩踏而來
涼意猶濃，咬薑啜醋沁入心崁
後生人煞猛打拼，走遍荊棘路
春寒拂過傷口，花芽迸響，穿越
天色青青，啾啾鳥囀隔山唱和著

明朝散髮，老祖先顯影荊棘路上
滅絕的古調，山野間傳唱、繁衍
流離，一如不羈的雲飄浮惚蕩
螢火則在寒風裡燃亮燈火盞盞
渡口邊，誰又飆唱山歌劉三妹
身影恍惚，未能辨識的臉閃逝──
邊界上，瀰天五月雪已然埋伏

擎起竹杖，穿越淅瀝穀雨而去
火金姑帶著火把，引領侯鳥北返
來去台三線，油桐樹拔高視野
看花蕊舞向春夏交界，翩翩
五瓣花容，錘煉硬實的種籽啊
月夜越美麗，陀螺般旋飛回原鄉
雪在燒，花海洶湧著嘩嘩濤聲

時間刀斧丁丁，響自巍巍山巔
有青春在年輪裡輾轉而衰——老——
墜入歲月深淵底，想像雲層外
花雨紛飛，風景瀟灑如潑墨
落筆驚天地，汹汹雨勢撲來
胸中鬱壘隨湍流激盪而奔騰——
前方啊，竟是轉折千百回的不歸路……

2012.5.5

註：吳家業大律師以客家語作詞、徐正淵教授
　　作曲的「時有墜花落胸前」，由家業兄以
　　藝術歌曲方式獨唱，令人激賞。特以藏頭
　　方式寫詩唱和。原詞『乍熱還涼後春天，
　　明滅流螢渡身邊，擎火來看五月雪，時有
　　墜花落胸前。』。

北回歸線

── 臺海上空所見所思

崎嶇小道自眼底輻射而去
孤絕的礁岩，兀立峭岸戎守
日夜忍受海嘯與霜蝕，赫赫然
挺立如碑，冷看腳下浮雲滾滾
始終──堅持一種清醒的硬度
即使死亡逼近，仍清醒活著
仍用力舉起整座蒼穹而旋轉

聽聽，山海對峙中的號角聲
山風磅礡奔馳，拔高土地視線
浪水滔滔，暴猛湧向暗礁巉岩
你默然走過，與孤寂並肩而坐
一回眸，銜住一季的山風海雨

鹽的鹹澀，已然攀沿背脊而上
此刻，悲喜心情誰能知悉？
花草不能，只知俯仰縱橫
魚龍不能，只知浪淘沙淨
山海不能，只知日以繼夜的爭辯
．．．．．．．．．．．．．．．．．．．．．．．．．．．．

唯有一臉鹽，孜孜屹屹地

將心事的秘密一一注釋刻蝕
一段段，一段斑駁晦澀的
碑文；供歲月苦苦讀著
供你我苦苦讀著
供天空苦苦讀著

　　　1992.09.28　修訂寫于台糖北返台北之後

飛向花蓮

風箏極力掙脫地平線的牽扯
舉高整座天空，在肩膀
奮奮然，依山勢起伏攀旋
刺穿一眼亮澄澄的藍
思戀，一塊島嶼的生死愛恨
與你我爭逐奔馳的足跡

沿著昔時步聲的迴想中走去
一根細絲在風中詠嘆並踩著
雲霧舒捲的節奏與音符
層層疊疊的山脈，因思念
而凝固為波瀾壯闊的旋律
無聲卻澎湃，在眼前在心底
此刻，我正航向久違的花蓮

風箏呼嘯旋飛，張著翅膀
揮舞；剪出一對對的青鳥
飛過；剪出前譎綣萬變的雲
漂過；剪出一雙深邃的眼
瞄過；剪出誘人的東海岸
如你背灣，我遐思過

唉──掙脫不了，剪不斷的
仍是繫在你心頭上牽牽扯扯的那根線

《葡萄園》詩刊 1996 年夏季號

歲月地圖之旅

陌生的疆域，佔據每一種想像
我竊竊叩訪那一遍不設防的
地圖：山脈起伏，墨漬侵染
錯亂的指標總在三叉路上搖晃
慌張的招喚，如我忐忑的心事
此去將是榛莽荊棘，亦或
行經幽谷後，有遍地紫丁香？
　　　（夜的斥候，自四面八方包圍突擊）

憑藉老舊地點，我依著地標
座向，想辨識遠方你的方位
仔細讀著經緯，讀著歲月滄桑
讀著曾經埋藏的秘密，總想著
在黑越越山頂，誰提一盞燈火
點燃夜色，點燃高懸的星斗
　　　（夜的斥侯，瞬間已將路緊緊圍住）

彳亍步聲，踢醒暗夜的蟲鳴
山的形狀隨著濃稠色澤而盤旋
路，在等高線的錯愕裡迷失
我仍守著辨讀著地圖的線索
而地圖，在不成山水的風景裡
衰敗；風景則在分歧詭譎的
想像中，搖──搖──欲──墜──

寫于 1998.6.3

以 G 為中心

── 記敘一段航空旅程

引擎聲，狂嘯地吶喊、爆裂
在天體腹腔，在翻騰的雲海裡
穿梭，時空則在慾望的航程中倒錯
變身。我們飛行，正向交媾的仰角
修正彼此視線，然後企圖佔據整個想像

傾斜是一種靈魂的爬升，另類制高點
俯視廣袤銀河星圖，啊─神秘而瑰麗
你的方位在 G，我正越過層層崩落的
殞石碎片；承受撞擊，向你疾疾呼叫

疾疾呼叫，叫醒每一顆星球，以強光
刺探黑越越的寒空，以 G 為中心推進
互遠的距離中，我彷彿流放邊陲──
傾斜的夢，是回不到原點的鞭苔
回不到你的視線中，哎如此偏執的航行
一次次逼進侵入，又一次次飛離航道
殞石如雨崩落，響著億萬光年的迴聲
迴聲裡，我無法辨讀你晦澀歧義的腹語

整座星空已然傾斜，向括城市，山谷
季節以及流竄的慾望，我持續飛行
持續拍擊你我熟稔的暗語訊號
燃盡所有的光與熱，以 G 為中心
即使傾斜迴繞，即使錯身而過……

1.返鄉過節及鄉居行旅，返鄉過年赴鳳蓮宮山崎國小舊地
　重遊憶往── 范揚松藏頭〈**鳳蓮走春‧山崎憶舊**〉

　　鳳翔茂林雞啼曉，蓮華踵事旺犬叫；
　　走踏聞聲響八音，春風熙攘競熱鬧！

　　山高水長小學校，崎環秀氣多李桃；
　　憶趣童玩嬉遊記，舊時人物看今朝！

　　　　　（2018.02.17 山崎故居感恩父母九十歲福壽安康）

2.新竹授課并邀豐中同學餐聚酒敘共憶青春少年時──
　　范揚松悅嵌〈**花甲初成‧青春正好**〉

　　花團錦簇鳴響鑼，甲子歲月逐康樂；
　　初來乍聞各悲喜，成敗莫論且歡歌！

　　青鳥展翅任穿梭，春華秋實舞婆娑；
　　正是瓜菓綻旎時，好景猶在不蹉跎！

　　　　　（2018.07.30 新豐旅次祝願同學年登花甲老當益壯經常小聚）

3.讚新埔南園閩式庭園設計風情獨具── 范揚松藏頭
　　〈**南閩林園‧桃源秘境**〉

　　南州冠冕向百城，閩風雅築入清夢；
　　林籟泉韻猶婉轉，園滿春色盡迴聲！

　　桃李不言蹊徑成，源頭活水映千燈；
　　秘行藏幽流連甚，境界驚奇總橫生！

　　　　　（2017.12.19 喜客家庄藏有 27 公頃閩南庭園）
　　　　范揚松推介：在我家新竹湖口新埔交界藏有桃花源秘
　　　　一定要走一趟 ── 南園

4.台三線桐花祭見聞，欣聞桐花祭四月雪緣台三線展開
　——喜嵌〈油桐傳情‧落英繽紛〉

油光素錦雲浮翠，桐枝扶蔬雪紛飛；
傳奇邀唱山歌子，情韻深邃轉低迴！

落子鏘然當無悔，英華成蹊不忍歸；
繽繽倩影瀟洒去，紛紛雪映總徘徊！

（2016.04.27 范揚松驚喜友人 P0 照詩稿）

5.誌擔任台大辦浪漫台三線產業組與談人——范揚松讚
　嵌〈翻轉台三‧永續樂活〉

翻空出奇尋浪漫，轉日回天破艱難；
台前鑼響山歌老，一路縱橫越石崗！

永懷耕讀處邊關，續短絕長同肝膽；
樂業安居桃源近，活龍鮮健祈萬安！

（2016.12.27 建言採三業四化六級產業詩稿）

6.誌‧客家復興到創新　全國客家會議中發言——
　范揚松勉嵌〈復興客庄‧創新翻轉〉

復育農林瞻向前，興風逐浪互網聯；
客寄天涯尋樂活，庄頭鄉尾新田園！

機勃發生態圈，新韻雅唱台三線；
翻山越嶺殊勝景，轉運科研競爭先！

（2017.09.25 與楊長鎮張維安劉邦畛教授座談）

7.水庫採柚行旅　國慶赴寶山採柚泛舟農家樂——喜嵌
　〈寶山尋幽‧弦歌傳情〉

寶盆聚氣藏秘境，山勢環攏神有靈；

尋奇訪勝採柚趣，幽澗歡喧雨放晴！

弦笛相奏山色青，歌詠雲霄成風景；
傳唱江湖天不老，情懷浪蕩醉酩酊！

（2015.10.11范揚松酒醒觀影詩作）

8.假日偕十數詩友赴寶山水庫盡興踏青──樂嵌
〈寶地重遊‧採柚泛舟〉

寶山毓秀桃花源，地角天涯映眼簾；
重巒疊翠山外山，遊目騁馳盡歡顏！

採蘭披榛墾荒田，柚實滿襟垂故園；
泛浩摩天歌入雲，舟橫飛槳樂翻天！

（2016.10.10范揚松謝吳家業款待詩稿）

9.遊寶藏巖二首，暮春獨遊寶藏巖藝術村──嵌
〈寶藏巖寺‧藝術駐村〉

寶山濃蔭綠江濤，藏有觀音春覺曉；
巖洞依山峭壁陡，寺響鐘磬逐煩惱！

藝能濟濟人寂寥，術業精攻各逞巧；
駐紮窄隅尋跨界，村花報喜盡妖嬈！

（2015.05.2范揚松盡興歸來诗作）

10.有悟并嵌〈觀影相思‧情緣不捨〉

觀雲無語風遠颺，影照倩兮琴韻長；
相逢應是曾相識，思絲扣鎖暗舊香！

情愫翻攪斷肝腸，緣起未滅苦思量；

不盡江河互奔流，捨喜慈悲不相忘！

（2015.05.03 范揚松人歸鄉感悟詩作）

11.惠州南昆山居，赴惠州南昆山居溫泉酒店授課有感三
　　百公頃園林樓閣設計之美 —— 范揚松讚嵌

〈園林勝境・洞天福地〉

園庭春暖樹參天，林籟泉韻鳥鳴澗；
勝景雅築南昆山，境界橫生有神仙！

洞見通幽湧湯鮮，天寶物華滿福田；
福至心靈吉人居，地利厚生非等閒！

（2019.03.21 賀喜 EUMBA 劉天佳任 CEO 專業經
營成果令人驚喜）

12.讚 EU MBA 劉天佳績效卓著新任惠州南昆山居酒店集
　　團總經理 —— 范揚松勉嵌〈築夢踏實・江山有待〉

築壇拜將志恢宏，夢裏乾坤東方紅；
踏盡鄉關終不悔，實與有力人中龍！

江湖日遠登高峰，山居歲月展神功；
有鳳來儀春晴好，待時藏器破長空！

（2019.03.22 天佳夫婦異地相互扶持拼搏
事業有成令人心喜不已）

13.番禺意橋島之行，遊廣東意橋島遊艇會海天一色景緻殊
　　勝 —— 范揚松讚嵌〈意橋璀燦・智珠入懷〉

意境造極景如畫，橋接暮靄舟橫斜；
璀然粼光猶星斗，燦爛蓮花正風華！

智山樂水映彩霞，珠玉錚鳴傳天涯；

入我胸襟成大器，懷抱三江獨一家！

（2017.08.11 再訪溫兆安主席莊園會所即筆詩稿）

14.赴廣州參訪溫兆安總裁所屬意橋島景區及藝術館館藏稀珍令人驚艷—范揚松即嵌〈天寶物華・拍案驚奇〉

天朝藏珍游於藝，寶玉神雕沉香氣；
物稀為貴心經碑，華彩重墨非凡比！

拍岸裂浪綠波碧，案頭風景爭綺麗；
驚聲歡笑意橋島，奇緣天涯存知己！

（2019.07.23 謝溫總親自導覽園林造景稀世珍藏并邀
歐大碩博在此辦學讚）

15.深圳講學得詩二首回應詩家方飛白對曹師名筆相贈餞別題句——范揚松勉嵌〈縱手放意・天機難逢〉

縱橫捭闔逐風塵，手胼足胝與天爭；
放歌盡歡猶青春，意氣風發赴征程！

天寶物華夜明燈，機變錦囊妙法生
難遇百年奇女子，逢舟絕渡劍相贈！

（2018.05.26 授課華中科大總裁班旅次）

16.與華中科大學友談生涯轉折與情調抉擇——范揚松勉嵌〈繁華若夢・衷懷莫忘〉

繁弦急管百鮮嚐，華星秋月好茶湯；
若水三千一瓢飲，夢裡乾坤過千江！

衷曲婉轉盪迴腸，懷抱瀟洒任徜徉；
莫道為伊人消瘦，忘機江湖醉沉香！

（2018.05.27 深圳旅次略談茗茶沉香與禪）

17.與深圳 MBA 企業家校友暢談企業興衰與演化 ——
范揚松悟嵌〈業競天擇‧逆轉勝出〉

業峻鴻績新物種，競發千帆各異同；
天地不仁潤無聲，擇善演化勢猶龍！

逆風撐船氣恢宏，轉輾征途多變通；
勝算籌謀定數在，出將入相敢爭鋒！

（2018.05.28 與姚成彭博等酒敘福青龍）

18.福州行旅筆會座談，致謝海風出版客詩選集舉辦
筆會座談 —— 祝嵌〈海納百川‧風行天下〉

海湧明珠日月光，納集博采智慧藏；百花爭妍風騷
甚，川流源遠更發皇！

風擊蒼穹雲捲颺，行者常至思無疆；天縱英才多奇
葩，下筆有神好文章！

（2016.08.05 范揚松長樂機場致謝詩稿）

19.偷閒游福州城三坊七街名人故居等 —— 讚嵌
〈榕城寶地‧人文薈萃〉

榕蔭環遮茉莉香，城圍三獄崎鼎強；
寶山福海豈空回？地靈人傑霸一方！

人給家足溢街坊，壽石熠耀印八荒；
薈集群英添顏色，萃匯文彩逞風光！

（2016.08.06 范揚松景點回憶有悟詩稿）

20.聆聽福師大朗誦拙詩土樓印象有感 —— 讚嵌
〈朗詩擊樂・韻驚土樓〉

朗朗乾坤經霜雪，詩腸鼓吹盪千疊；
擊缽猶唱祖宗言，樂音輾轉關山月！

韻腳跌宕聲悲切，驚鴻橫空展志節；
土扶成牆堞欲飛，樓角崢嶸度萬劫！

（2016.08.06 范揚松向朗詩隊伍致敬詩稿）

21.赴山東阿波羅集團兼旅遊與諸宗長協商范蠡商聖學院
碩博研修課 —— 范揚松敬嵌 〈范蠡商聖・財散人聚〉

范祖垂統陶朱公，蠡探世變神算中；
商儒兼修三聚散，聖道長存震西東！

財阜民殷貨暢通，散金仗義皆景從；
人向高處名蓋世，聚富九洲不稱雄！

（2017.04.19 歐大與范董，鄭總草成協議詩稿）

22.晨運遊阿波羅如意九洲園林景趣殊勝 —— 范揚松悅嵌
〈九州雅景・曲徑通幽〉

九轉如意映曉曦，洲環朱欄路紛歧；
雅興何妨穿梭趣，景入襟懷柳依依！

曲折跌宕登高低，徑由花樹隱踪跡；
通天望眼雲湖翠，幽篁深處誰吹笛？

（2017.04.20 逛范聖剛宗長所屬園林造境詩稿）

23.與聖剛、揚盛等同遊南山大佛藥師玉佛 —— 范揚松敬嵌
〈萬佛祈福・藥師濟世〉

萬里蒼穹鍍金裝，佛指捻花迎鳳凰；
祈願壽比南山高，福臨大地焚心香！

藥解諸惡尋妙方，師者傳道智慧藏；
濟公羅漢財神在，世運大同遍祥光！

（2017.04.21 謝阿波羅同仁招待烟台行旅詩稿）

24.台南講學兼旅遊，赴台南為跨國飼料肉品集團授客訴
處理 —— 范揚松勉嵌〈抱怨鑠金・敏捷預應〉

抱懷虛谷引視聽，怨聲雜音辨分明；
鑠石成流深幾許？金玉齊鳴誠則靈！

敏思慎行藏衷情，捷徑先登點將兵；
預防思患多籌謀，應變妙方爭太平！

（2017.04.27-28 柳營江南渡假村授課詩稿）

25.授課後并遊尖山埤江南渡假景區有感 —— 范揚松悅嵌
〈尖山埤景・江南雅遊〉

尖峰池影雲浮翠，山徑縱橫且盤迴；
埤塘有愛潤阡陌，景明春和舉杯醉！

江山錦繡共與誰？南國佳人幾徘徊；
雅興何妨逐春趣，遊目騁懷不忍歸！

（2017.04.29 晨起忽憶四月春景弁懷故友詩稿）

26.赴嘉善旅遊考察參訪詩三首

1，旅遊嘉善縣西塘古鎮大啖美食猶置身穿梭吳越春秋—范揚松悅嵌〈西塘勝景・風騷餘韻〉

西窗剪燭夢江南，塘波瀲澂綠染藍；
勝境有靈藏驚喜，景星鳳凰出嘉善！

風華水鄉斜陽晚，騷客畫題遍朱欄；
餘澤光照幾春秋，韻流鋒發醉肝膽！

（2018.08.05 謝俞健強主任及華蘭領隊）

27.　2，讚嘆嘉善縣政府招商政策及高端人才吸引獎勵措施——范揚松悅嵌〈地嘉人善・築巢引鳳〉

地聯蘇杭接上海，嘉謀簡政真風采；
人壽年豐多桃花，善緣廣納八方財！

築壇拜將出別裁，巢林一枝客商來；
引領風騷興百業，鳳鳴千里搏精彩！

（2018.08.06 感動嘉善台辦簡報及投入）

28.　3，赴大雲村品嚐農家樂并暢遊巧克力特色小鎮令人驚喜——范揚松樂嵌〈浪漫小鎮・巧克力讚〉

浪蝶游蜂花滿園，漫天蔽野綠照眼；
小鹿觸心猶纏綣，鎮物矯情醉香甜！

巧同造化糖爭妍，克肩一心潤福田；
力所能及體驗亟，讚歌迎唱賽神仙！

（2018.08.07 歌斐頌觀光工廠中國第一）

29.杭州講學及旅遊

1.飛往杭州參加首屆區塊鏈論壇并發表專題──
范揚松讚嵌〈加密聯結‧群雄逐鹿〉

加鞭快馬天下先，密計細鏤區塊鏈；
聯網分佈不磨滅，結碼記事憶萬年！

群英齊聚舞長劍，雄才馳騁浪頭尖；
逐潮犯險杭州灣，鹿死誰手敢問天！

（2018.04.29 預祝六百人峰會順利成功）

30.　2.賀喜區塊鏈‧財經生態峰會論壇圓滿成功──
范揚松藏頭〈鏈結共識‧誰與爭峰〉

鏈接數字聚八方，結緣杭城開氣象；
共議財經砌磋甚，識微知著正發皇！

誰入幣海襲猛浪，與時奮進搏短長；
爭分奪秒區塊鏈，鋒發韻流話鏗鏘！

（2018.04.30 瑞士歐大與沃特商学院諦策夥略伙伴）

31.　3.峰會後與友攀登吳越古城并優游湘湖之間──
范揚松藏頭〈湖山攬翠‧吳越勝地〉

湖光灩激舞春風，山高路險登高峰；
攬彎澄清醉月趣，翠繞珠圍水玲瓏！

吳霸南方翻江龍，越王范蠡肝膽同；
勝景猶憶春秋事，地網天羅笑談中！

（2018.05.01 吳越相爭先祖范蠡助勾踐終成霸業）

32.赴昆山講學兼記遊，客宿昆山憶錦溪沉墓情事種種──

憶嵌〈江南蝶影‧愛河流域〉

江峰綿延多嫵媚，南朝金粉不忍歸；
蝶舞紛飛尋芳去，影若倩兮往復回！

愛如潮湧沁心扉，河溏搖櫓轉千迴；
流長蜚短君莫醒，域裡纏綿愛相隨！

（2015.8.6 范揚松觸景思情詩作）

33.記述昆山孫景莉主任其人其事──謝嵌〈急公好義‧景莉最讚〉

急若星火總奔波，公忠職守不蹉跎；
好事折衝爭權益，義薄九天常忘我！

景緻迤邐過千河，莉花盛綻笑語多；
最是議論有豪氣，讚嘆往還盡歡歌！

（2015.8.7 范揚松授課昆山詩作）

34.強颱羅迪勒侵襲盼天佑台灣──嵌〈狂颱壓境‧祈願安康〉

狂雨飈灑怒咆哮，颱風剽悍襲浪濤；
壓鬱氣淶猶怪獸，境多瘡痍刼難逃！

祈禱家園萬安好，願力消災驚覺早；
安邦圖存爭天意，康莊我生愛寶島！

（2015.8.8 范揚松上海行旅詩作）

35.赴各地講學旅遊補遺，觀賞全球最大室內瀑布 PO 影并誌赴中央氣象局主管授課成功──范揚松讚嵌〈漩渦瀑布‧飛濤驚浪〉

漩泱鵬翔星機場，渦流磅礴奏樂章；

瀑泉倒懸七彩趣，布鼓雷門正開張！

飛雲掣電九天降，濤聲裂岸見汪洋；
驚鴻一　千萬變，浪蕩江湖競猖狂！

（2019.04.17 新加坡樟宜機場今日開放四十公尺高
瀑布水舞展演）
https://m.facebook.com/story.php?story_fbid=26903
80477898274&id= 1648450885424577

36.曾赴安徽為百位校長授課共攀登黃山頂峰──范揚松憶嵌〈黃山絕美・路轉峰迴〉

黃崿巉壁霧徘徊，山巔跌宕雲浮翠；
絕頂風光望不盡，美景幻變不忍歸！

路向蒼穹煙嵐吹，轉輾泉瀑入松堆；
隱乍現神仙飛，迴響跫音聲聲催！

（2017.06.05 觀影憶多年前奮力攀高峰有感詩稿）
央視航拍黃山，美的讓人窒息！
http://mp.weixin.qq.com/s/hGRi19Z1u27deRdMpVAgNA

37.迎北京企業家旅遊兼參與碩博班課程──勉嵌〈共學參訪・商機遍地〉

共讀砌磋在寶島，學無止境仰彌高；
參悟尚待俱機緣，訪察慎微方得竅！

商海詭譎多狂濤，機關算盡難逍遙；
遍種福田長知識，地載萬物互搭橋！

（2015.11.21 范揚松 Eu 授课詩作）

38.登深圳前海大鏟島探險並為法國高等商學院 MBA 授

策略創新競爭一范揚松讚嵌**〈大鏟文旅・明珠樂土〉**

大浪淘沙零丁洋，鏟舊謀新好篇章；
文成化育興基業，旅食海角更拓荒！

明察暗訪探幽鄉，珠還合浦任徜徉；
樂不思蜀農家好，土扶成牆野菜香！

（2018.11.11 渡海登島授課行動學習也體驗殊勝）

39. 回憶赴廣州中山大學講課小禮堂住黑石屋均有 國父孫中山的遺跡一范揚松慨嵌**〈中山講學・時空迴聲〉**

中流擊楫掀驚濤，山溜穿石滙狂潮；
講經說法餘韻在，學書練劍競出鞘！

時移境遷青春老，空壟懸劍倡高調；
迴響猶繞百年後，聲求氣應滿懷抱！

（2019.08.08 一組舊照片勾起廣州諸多回憶尤住宿黑石屋與偉人同呼吸）

https://m.facebook.com/story.php?story_fbid=2988702071156298&id= 100000496032127

40. 歡迎廣州市荔灣區官員蒞我司參訪座談——范揚松贈嵌**〈文創搭臺・都市更新〉**

文經武緯風遠颺，創業垂統迎康莊；
搭橋跨域勤治理，臺前幕後出將相！

都鄙有章百業昌，市鎮群聚人　攘；
更弦易轍翻又轉，新裁獨具始發皇！

（2016.11.10 瑞士歐大・聯合百科同賀歡迎詩稿）

莊雲惠詩選

● 1963 年生於台灣新竹縣。致力於新詩、散文、水彩畫創作，朝文學與藝術之路前進不輟。

● 原任職於「台灣新生報」，從事新聞業；後設立作文教室，投入教學工作。

● 曾獲頒中國新詩學會「優秀青年詩人獎」；中國文藝協會「新詩創作文獎章」、「水彩畫創作文藝獎章」；台灣省文藝作家協會「中興文藝獎章」；國際炎黃文化研究會「突出成就獎」；「國際華文詩人協會」徵詩銀獎；香港「兩岸四地詩歌高峰論壇」贈予「傑出創作獎」；青溪新文藝學會頒贈績效優異文藝狀。

出版著作

● 《紅遍相思》（新詩集，文史哲出版社　1988 年）
● 《花開的聲音》（散文水彩畫集，文史哲出版社　1990 年）
● 《心似彩羽》（新詩集，文史哲出版社　1990 年）
● 《綠滿年華》（新詩水彩畫集，文史哲出版社　1994 年）
● 《預約一生的溫柔》（散文集，海飛麗出版社　1994 年）
● 《莊雲惠短詩選》（中英文詩選集，銀河出版社　2002 年）
● 《葉葉心心》（散文集，黎明文化出版　2004 年）
● 《歲月花瓣》（詩集，詩藝文出版社　2008 年）
● 《莊雲惠詩選》（詩集，北京作家出版社　2008 年）

主　編：

＊《中國詩歌選》（詩藝文出版社　1999 年）
＊《大詩壇／中國詩歌選》（文史哲出版社　2004 年）

前　言：詩，我最遠的嚮往

心神飄飄自在飛

　　求學生時參加校外團體活動，與夥伴相處一段時間之後，有朋友說：「妳常常東逛西逛，不知道晃到哪裡？」於是取「where」諧音，「惠兒」成為另一個暱稱。那年我不到二十歲。

　　畢業進入職場後，與同事們出遊數日，我總是遠離喧鬧的活動的，選擇僻靜之處，專注於吸引的事物，感受其中內涵，思考絲縷脈絡，有人說我像是「遊魂」。那時我剛過了三十歲。

　　後來，我幾乎可以確定一件事：生命有一定的基調，也許是性格使然，或許是環境所致，不管現實如何變化，依舊會環繞著主旋律前進。畢竟這才是真正的自我。

　　不管時光荏苒，歲月遞嬗，即使到了現在，我仍是那個渴望自由自在，不想被拘束，不願被侷限，經常任由著繽紛想像在遼闊的天地間飛翔，錯縱的思維向幽邃處深掘；往往觸目所及、足跡所至之處，便以文字來記錄自己的點滴心想。

　　因為這樣，我不願把生活過成一攤死水，於是，旅行，成為改變的一種途徑，暫時脫離現實的一種方式，而出走，也有了足夠的理由，美好的藉口。

　　到一個陌生的地方，周遭不再是熟悉的人事物，視野有

了新意，感官有了刺激，心靈隨時接受不同的洗禮，連觸角也開始敏銳了起來！

我喜歡、也願意藉此放下有如陀螺般轉個不停的忙碌，放鬆緊繃的精神，然後開放全身心去迎接一個嶄新的地方，不期待什麼，也不預設什麼，只是去看、去聽、去品嘗、去觸摸、也去欣賞，如果能得到啟發，獲得新意，滋潤枯涸的心靈，充實寫作的題材，收集肥沃生活的養分，這就足夠了！

寧靜詩鄉是歸鄉

投身文藝創作，寫詩，是我最初的選擇，也是一直鍾愛的表達形式。透過一篇篇詩作，宣洩了情緒，表述了感發，也記錄了生活。

當我虔心伏拜詩神繆斯，成為忠實的信徒，日復一日，年復一年，義無反顧地在詩國裡穿梭遨遊，耕耘不輟。寫呀寫！竟也歷時漫漫三十餘載。

姑且不論寫下多少詩篇，重要的是，詩在我心中生根，融入了生活，變成生命的一部分；因為愛詩、寫詩，隨時隨地捕捉感動我、觸動我的種種，因此經常有詩思迸發，詩音作響，不時還有詩花綻放……長久以往，當這種模式變成一種習慣，便經常產生不同的趣味，也使生活更多了姿樣色彩，讓我覺得沒有浪擲青春，虛度歲月。

我想，我的幸福源自於此，快樂也是來自於此。原來，寫詩不是為了摸不到的喝彩，聽不到的掌聲，也不是為了取悅他人而絞盡腦汁，或為了某種目的來沽名釣譽。原來，千迴百轉之後，詩悄悄地走進生命並融為一體，成為忠實的伴侶，才是最重要的。它或療癒傷痛、或撫慰哀愁、或抒發心想……讓自

我存在有了價值，生活目標有了方向，情感流向有了管道；它是自我救贖的力量，是莽莽塵海的浮木，讓生命在流變的歲月有了前進的動力！

原來，詩，最終是為自己而寫。只因身在詩中，就有了快樂，有了悠悠蕩蕩的自在，深深遠遠的寧靜……而這，就是寫詩、讀詩，留戀詩鄉，徜徉詩國的最大收穫了！

帶著詩歌去旅行

我經常處在一種寫作的狀態。寫，已然是生活的內容，生命的一部分！

我並未刻意製造或攀求這種感覺，而是任由不同情境的不同情緒緩緩流淌，但當它在心間蠢蠢欲動，某種感覺隱然竄出，我便會即時捕捉，加以沉澱、咀嚼，然後琢磨成詩。也許它來得突然，或許要慢慢醞釀，但這都無所謂，重要的是我寫下來了，用詩記錄了當下的感受。

旅行與出遊，是我生活的另一種變奏，突破尋常窠臼的方式。雖然不是經常，卻足以讓我心滿意足去感知其中的快樂和新奇。而在旅程中，我依然帶著詩思在漫遊，仍然像是遊魂以自己的節奏在遊走。帶著文學去旅行，如果邁出的步伐能走出詩篇，偶然的邂逅能撞擊出火花，就不虛此行了！

曾經我在長江三峽的輪船獨坐甲板上，從午時到傍晚，把感覺 —— 寫成詩，直到夕暉斜照；曾經我佇立於歐洲雪地任憑寒意襲來，把雪的白放進心底，寫下新奇感受；曾經我走進山林，披覆著綠意，唱和風聲傳遞心曲；曾經我閒坐海濱，聆聽如歌濤聲在款款細訴幽情；曾經邂逅春花，偶遇秋芒，彷彿向我招手，要與我攜詩同遊……

　　我喜歡置身於異地去體驗，喜歡這種既真實又陌生的感覺，還有夢幻又奇妙如水波蕩漾的輕盈，如浪花起伏的變化，這詩般的美感，風樣的輕盈，讓我油然升起淡淡喜悅，還有深深淺淺的幸福感！

　　感謝范揚松教授的邀約，讓我有幸和陳福成、方飛白、吳明興等詩家一起出版「人間行旅」詩集，這是友情的結合，詩誼的延續，也是愛詩人共同實現夢願的具體展現。我選錄了多年來所寫的一些詩作，不管足跡在國內或海外，或是有感而發的抒情之作，每一首詩都是我生活的行腳，流轉歲月裡緊緊握住的當下，是現實的探索，也是心靈在旅行的寫照！

　　在分享之際，若能得到共鳴，就是給我莫大的鼓勵！

偕行曲

與你偕行
是詩
是歌
是向晚的一抹霞彩
　暗夜的一縷清輝

與你偕行
是夢
是願
是遺失後的獲得
　飄忽時的堅定

與你偕行
是詩　是歌
是夢　是願
是莽莽紅塵中
一處靜好
是人間一回的
美麗相遇

秋千之歌

盪過漫漫歲月
盪出濃濃深情
隨著高升的秋千
自老樹下升起一個
美麗世界

猶記初相逢時
驚見陌生的容顏
綻開熟悉的笑朵
彷彿前世記憶
瞬間　蔓延

盪過漫漫歲月
盪出濃濃深情
日復一日
年復一年
愁苦隨雲散
喜樂逐風來
以絲絲寬諒
　縷縷成全

織成夢樣的羽裳
溫暖心房

隨著秋千擺盪
流動的節奏
揚起了豐美期嚮
且把愛歌輕輕吟詠
悠悠情懷
已然成為絕佳的合唱

關　機

關上手機吧
讓似水柔情
流過一片靜海
無聲中共酌月色
　　　同飲清風
還有　　還有
彼此眼眸中的深意

關上手機吧
專心閱讀深刻的依戀
　　品賞密藏的眷念
無關揚州夢
不管少陵春
全心全意
沉浸喜相逢的唯美詩篇

片刻的聚晤暫且遺忘現實的牽絆
歡笑愛夢可以不被科技打擾
放心走入唐詩
安心漫遊宋詞
還有　　還有

唯你唯我的一簾幽香

不要被甸重的忙碌拖累
不要被驀然的鈴響驚擾
關上手機吧

情　畫

漫漫等待
把思念等成一株向日葵
翹首向陽遙望

長長守候
把祝願守成北極星
以不變的方位
照亮心海茫茫

我等待　　我守候
我以大寫意的筆法
將心緒繪成風景
邀請歲月共賞
這人間一回
經過風雨洗禮後
悠悠的一世情緣

原來還有溫度

以真誠包裹的愛
被忙碌切削
攤在時間沙岸
曬成一個個無奈的嘆息

以淚水濡濕的情
被等待風乾
晾在歲月廊廡
成為一片片苦澀的回憶

月影暈染過
星光閃耀過
山巔的盟約
海湄的誓諾
一一鎖在捨不下的掌心

踩著浮沉的戀念
穿越歲月廊廡
凌涉時間沙岸
驀然看見你

挽著一籃笑朵前來
鋪展密藏的回憶
原來
還有溫度
啊，你挽著一籃心花
前來
開啓封存的從前
原來還有
溫度

雲遊的淡情

熱情隨著歲月流浪
一旦遠去
再也難尋思念的方向

縱使偶爾回到身旁
殘溫暖不了心房
落寞已然爬上高牆

如果只能吟誦快樂的詩篇
　　　　高唱榮耀的樂章
如果必須隱藏生活的真相
　　　　粉飾現實的景況
沉醉短暫的歡逸
耽溺空洞的美麗
將失去對幸福的嚮往

輾轉思量
放任淡卻的情衷雲遊四方
避躲安全的港灣
靜靜的挽著柔美月光
漫步於字裡行間
獨自編織夢的希望

猶如不曾發生

如撲面而來的風
輕柔得了無痕跡
飄渺得杳無蹤影
彷彿不曾來過

如果相遇是意外的偶然
疏離是必然的結果
那麼該以什麼眼神與往事道別
　　　　什麼姿態轉身遠去
又該如何把深藏的情意交給隆冬
請白雪封埋

畢竟不再年少
瘋狂失去理由
強求折損尊嚴
醉過的華年是包裹糖衣的苦藥
再難也要吞飲

因為不再年少
終於學會

以平靜對待失落
以微笑彌補缺憾
復以時間換取寬釋
把看不見的憂傷
默默摺疊存放在心靈角落

猶如一切不曾發生
撲面而來的風
仍舊
與新花共舞

　　　（106.2.10，106.4.6 寄葡萄園）

遺　忘

將憂傷摺疊成船
放流於歲月之河
漂呀漂
漂向遙遠的未來

將愁苦送給落葉
飄飛於心靈曠野
最後歸宿春泥
無影無形

放飛遺忘向點點星辰
閃耀美善的光影
照亮含情的雙眸
以無言的孤獨
為自己
點燃不滅的燭火

續　愛

初相遇
會心凝眸一笑
淡若清風
柔若春水
恰似久久前的熟悉

盛情如陽
暖我心扉
真情如衣
覆我身軀

膠結如陳年琥珀
纏綿如蔓延藤蘿
悠悠長情
時而寧若秋夜
陶然神醉
復而動若起波
躍然心馳

無執著　無罣礙

飄然若飛
悠然自得
凝結愛為結晶
收集美成禮讚
生命之歌
在感恩中傳唱

山遊有感

掙脫紅塵羈絆
為尋找自我
流浪

成疊的峰巒
綠我以一心靜謐
飄飛的雲霧
白我以一身潔曠
夢寐中的清境
寄寓心靈的歸鄉
漫遊其間
有深深淺淺的幸福
悠悠流淌

小雪記事

之一

遊走了一季
未曾留下痕影
而今　　乘著初春羽翼
緩緩飄落
以優雅之姿
對這曾經熱愛的世間
再度回眸
靜靜凝視
任依戀纏繞成
淡淡情韻

之二

雪的心
薄如蟬翼
落地即碎

拾不起

握不住
一如我
敏感而脆弱的情思

後　記：

　　三月下旬已是春天了，但此時的東德還籠罩在冬季氛氛中，冰冷感竄進皮膚有如針砭般刺痛，不免自問：是來得太早，抑或春天來得太遲？

　　偶爾飄起如玉塵般點點白雪，冬天似乎還留戀這紅塵人間，在最後臨別之際仍要再施展一次魔法，將大地鋪上白毯、把遊人紛雜的心緒瞬間也染得純白！因為純淨，情思便如雪花飄飄，我悠然地把心想寫進詩篇，留作紀念！

遠　行

這一次，我遠行
向忙碌宣告暫別的決心
浪遊
成為另類休息

我遠行
向久違的自己靠近
與失落的詩思重逢
在每一個孤寂時刻
找回靜和的
清歡

遠行之際
沉浸於偷來的閒適
悠然看見豐盈的美意
　　聆聽輕悅的旋律
有朵朵祥雲
飄飛在心靈秘境

走在綠色隧道

走進綠色隧道
我不想停下來
伸出握著愛念的雙手
慢慢採集意外邂逅的靜好

走在綠色隧道
璀璨陽光迴避了
蔚藍天空謙讓了
浪漫緒意成為唯一主角
還有不知天高地厚的小小喜悅爬上枝頭
奮力呼喚幸福到來

兩旁高挺的綠榕不動聲色
把我暗藏的憂傷包裹起來
再繫上用鵝黃色新葉編織的蝴蝶結
說要輕輕交給流過的時光
然後　優雅轉身
離開

走在綠色隧道

我不願停下來
以謳歌　以讚嘆
以盛開的笑朵妝點一樹樹春天
以唯美信仰
擁抱這人間一回

賞　雪

眼前的
遙遠的
那柔軟的白
適合安靜地凝視
每一交會
開出一朵朵美麗的想像

緩緩飄降的雪花
飛舞在心間
把透明情事
暈染成潔淨的純粹
提煉出比水晶更為明亮的字句

默默諦視
任由無盡的白
在凝思之際悠然舒展
閃爍柔柔晶光
片刻即亮成
雋永詩章

不寐之夜

寒夜漫漫
擁抱不真實的存在
溫暖夢寐中的
嚮往

挽著星光
漫步滄桑疊成的幽徑上
尋覓徬徨時的依靠
　　　失落時的希望
千思隨星月同遊
萬念伴長雲共舞
飄飄渺渺
悠悠蕩蕩
終於
詩花綻放
在心靈盛開

喜遇春花

茶花在野陌深處微笑等待
以一樹亮麗
驅離孤寂
以深深淺淺的紅
溫暖了冬寒

採擷朵朵喜悅
任由一瓣瓣浪漫挾帶夢幻
隨茫茫輕霧
飄然悠遊

輕踩著繽紛落英
閱讀藏不住的風華
心靈開出了新花
世界走進了春天

我沉迷於無心的錯誤
靜靜醉享
彌漫時光的芬芳
細細品賞
豐富歲月的靜美

自　語

輕輕的揉撫心靈
安慰沉重的疲憊
領他回返書香
在詩卷上休憩

柔柔的喚醒心魂
擁抱糾纏的憂慮
請他放懷行遊
在曠野中飛奔

喃喃低語
愛自己
一定要愛自己
已成忙碌生活的備忘錄

長　情

膠結如陳年琥珀
纏綿如蔓延藤蘿
悠悠長情
時而寧若秋夜
陶然神醉
復而動若清波
躍然心馳

凝結愛為結晶
收集美成禮讚
生命之歌
在感恩中傳唱

揚起輕柔羽翼
悠然飛昇於
心靈天空
欣賞寂靜幻化成雲彩
笑看莫測的
哀樂中年

詩　旅

吐納思想
化成朵朵詩花
在現實的莽原
飄散清香

裁剪情愫
織成片片詩雲
在流變的時光
伴隨心靈旅行

心在旅行
以看不見的速度
　聽不到的聲音
穿梭在古典與現代中
漫遊在文字與意象裡
美麗了現實
收藏了時光
幸福也羽化
飛翔

放　下

放下思念的情牽
無影無象的心間
容納
晴陽映照的春暉

放下執著的期盼
無波無瀾的心間
充滿
清風律動的音階

不再關詢約期
不再剖析懷想
不在春花秋月的往事回憶中
枯竭了如水柔情
壓抑了如潮冥思
輕輕地放下
悠悠地飛昇
把平靜還給自己
讓距離美化彼此
擴散心靈之深處的焦點
處處有好風景

跋

程國政

這本詩集是五位教授級詩人對其一生的謳歌，四十年前的莫逆之交，為了謀生各自邁出行腳，像海星的五根棘爪伸向了世界各地；年過花甲之餘，五位詩人重新聚首於台北，交出這份傾數十年之力的「人間行旅」詩集，如果給這本詩集下一個整體評價，那就是「老樹着花無醜枝」(《東溪》梅堯臣)；詩集擁有五位詩人共同的敦厚淡定特質，字裡行間飽含著人生感悟，從中你可以體驗到他們精彩的人間行旅。

余光中曾說：「沒有詩，民族語言未免太寒酸。到 21 世紀，詩還是要讀的」，常常讀詩，生活就能保持優雅，常常讀詩，談話的主題就不會匱乏，常常讀詩，就能保證你的語言豐富、文字細膩、思想敏銳，這就是我們該讀這本詩集的充足理由。

為表達敬意，我給五位詩人各自一個稱號，分別是「詩俠」揚松、「詩哲」明興、「詩狂」飛白、「詩農」福成、與「女詩仙」雲惠，以下是五位詩人的簡介：

「詩俠」范揚松的詩

揚松是極少數能夠隨時隨地吟詩作賦的詩人，他以詩抒懷，以詩刺時、更以詩伸義。揚松寫詩可追溯至大學時期，當年香港新詩大賽徵稿，他玩票似的跨海試投，卻勇奪首獎，獎金之高足以支付他大學四年的學費，這不但激起了揚松的詩興，也開啟了

他一輩子詩以載道的人間行旅。

揚松為人古道熱腸，豪爽果決，是現代少有的俠客，他見人有難即傾囊相助，受他支助紓困的朋友、企業家不知凡幾，頗有「一朝若遇有心人，出門便與妻兒別。」（《俠士詩》崔涯）的俠士氣慨，

而揚松的現代詩兼具感性與理性，其中有文人雅士的清澈美感，更有騷人墨客的衛道使命感。

早年揚松以現代詩紀錄生命感悟，近年則著墨於古體藏頭詩創作，無論新詩舊詩，其詩頗有「致君堯舜上，再使風俗淳」（甫《奉贈韋左丞丈二十二韻》杜）的抱負，詩是他針砭時事、發聾震聾的警鐘，更是他仗筆行俠、斬妖除魔的刀劍，故可稱之為「詩俠」。

揚松的詩清新自然，在《空手豈能入寶山》（2013）裡他以「金陽潑灑……，山歌飛響」、「蜿蜒小徑……，笑語激迸」、「遺落名片……，情愫發酵」一靜一動、一景一情的對映，來抒寫寶山美景與愉悅心情：

「空手入寶山，金陽自雲端潑灑著……演繹山歌飛響山陵線……／空手入寶山，蜿蜒小徑隱匿無蹤……在笑語中激迸出光彩……／空手入寶山，遺落繁華與閃耀名片……情愫在臟腑間發酵……」

近年來揚松偏好創作藏頭古體詩，他的藏頭詩都是二句八字，詩義嵌頭再押韻腳，起承轉合必合韻符節。他所創作的三千多首藏頭詩，不但屢屢獲獎，由於詩意深遠，更有詩友裱框懸堂，以示惕勵，可見其詩魅力之一斑，茲舉一首911恐攻時，他作的藏頭詩《蓋達恐攻‧帝國夢碎》：

「蓋世震攝降天兵，達官顯宦幾危傾，恐驚萬狀神鬼泣，攻城奪地破雙星！帝制妄為引幽靈，國脈民生墜無明，夢醒猶恨賓

拉登，碎瓦斷垣三千命！」

　　詩裡把「蓋世天兵、雙星倒塌、反噬美國、死亡三千」等重點收迄入詩，可謂凝重深切、鞭辟入裡，此作也因而獲得「葡萄園三十年詩創作獎」。

　　揚松的詩筆仗雄豪，詞鋒犀利，讀罷令人一澆胸中塊壘，但偶爾也給人有「人不寐，將軍白髮征夫淚。」（《漁家傲》范仲淹）壯志未酬之慨，他滿腔熱血、敢於表達心之所感，唯有不忮不求的士人方能有此操持，所以常得讀者喜閱求詩。

「詩哲」吳明興的詩

　　明興是現代隱士，他不用手機沒有 Line，不看電視也不管政論，看似孤陋的鄉間老農，實則為坐擁文學、醫學、佛學的三科博士；他的言談充滿機鋒智慧，他的詩則飽藏奇氣；和明興聊天，就像是縱身於知識大海的衝浪，有不時的壯闊波瀾，又常有驚艷的智慧之光；古今博學者多寂寞，因為能與之窮詞抗辯者不多，知識對他來說，似乎不存在死角。

　　明興的酒量極佳，也唯有飲酒能開其話匣，有一次聊及《法華經・普門品》，他即隨口吟頌了一段普門品經文；又一次談到《道德經》的多歧解，他也能切中要義，分析透徹；據他說，《道德經》是他十八歲時初讀，此後四十餘年即強記腦中，無須再閱，這是怎樣的過目不忘、博學強記。他以史寫詩，以詩抒哲，故可稱之為「詩哲」。

　　明興的詩並不好讀，因為典故浩繁，故用詞並不精簡，往往一句十數字，或排列成梯，頗有以文字形式來革詩的命，他的詩多說理抒哲，如《看海》（1982）一詩，在詠歎大海之餘，不經意地流露出其文學厚養與潛藏的佛根：

　　「從龍王宮殿涌進大海的水／是莊嚴閻浮提洲的紺瑠璃色

／它能使潮汐依時運行無礙……／舉凡三寶都是眾生的依怙／靜心看吧如來智海就是這樣／它能讓有學無學盡得饒益……」

在《忘鄉》（1981）裡描寫歷經抗日、剿匪的老兵，如今只為餬口賣命：

「味偏鹹是年年舐血的記憶／味藏澀是日日吮汗的習慣／味入辣是夜夜垂淚的悲熗／味微酸是時時驚魂的回味／在暑氣騰騰的壕溝裏血汗淋漓／在寒意颼颼的彈坑裏筋骨崩圮／在街巷寂寂的民居裏皮開肉綻／在陸沈的山河倭為刀俎我魚肉／長杓與鐵鍋鏗鏗鏘鏘的撞擊／那迴音恰似子彈打在鋼盔裏……」

捍衛國家的沙場老兵：「鹹是舐血、澀是吮汗、辣是垂淚、酸是驚魂」，曾經是血淚拼搏的「鹹澀酸辣」，如今卻成了鍋鏟翻炒下，饕客品頭論足的舌尖滋味，一如現代政客，一面享受勝利光復的果實，一面卸除老兵的退撫待遇，英雄被摒棄、功績被遺忘在歷史角落，詩人藉著老兵的涼薄待遇，控訴著大時代的健忘冷酷。

在《掌勺司令的勳章》裡則以紅紫勳章來比喻老兵的舊傷，借酒一澆胸中塊壘：

「每當你飽飫紅露酒時最大的戰功就顯現在胸前／你說二十七歲那年晉東與晉北倭寇向太原合圍／倭寇礮彈碎片給你送來了保衛太原有功的勳章／你說那枚連洗澡都不必取下來的勳章天生嗜酒／紅露酒愈喝它就愈紅愈喝它就愈紅得發紫發亮……」

好的詩應當像醇酒，讀後能令人陶醉，明興的詩一如醇酒濃郁深刻，或有「偶開天眼覷紅塵，可憐身是眼中人」（《浣溪沙》王國維）之悟，所以讀他的詩前請備好酒杯。

「詩狂」方飛白的情詩

飛白兄出身阿拉伯語系（政大），早年常蓄一頂爆炸頭，他

爲人曠達不羈，好酒嗜美食，看似玩世不恭、不學無術，實則為
當年政大同級生第一名的學霸。出社會後因為職務所需，經常往
返阿拉伯各國。飛白前半生常駐中東二十年，行腳遍及歐洲、北
非、好望角等等，退休後則回到亞洲，足跡又踏穿上海、深圳、
泰國、柬埔寨等；他的人間行腳超過了 99% 的正常人，飄泊不定
的工作性質，註定了飛白的浪子性格，在朋友圈中，有「多識風
流」之譽，晚年尤縱。飛白的詩善用神話傳説來託古寓今，創造
出很多馳騁想象的空間，寫景抒懷清新放達，風格灑脱，故可稱
之為「詩狂」。

　　飛白派駐中東時曾出版過《紅海漂泊紅玫瑰》詩集，回台灣
後又出版了《黑色情話》，將「流浪」、「黑色」、「飛越」的詞藻大
量寫入詩中，黑色在阿拉伯世界有特殊的意涵，它不僅是女性頭
巾、面紗和罩袍的唯一選擇，黑色還象徵著神秘、性感，更是禁
忌、死亡的代名詞，「純黑的神話、黑亮的眼眸、黑色的玫瑰、純
黑的深潭……」，黑色雖然悲涼冷酷，卻也是最神秘美麗的顏色；
如《期盼一次更艷麗的夢幻》系列中的(4)《黑色的浮雕》：「……
妳慢慢地飄來／在孤寂的歲月中／凝固為一座浮雕／妳輕輕地微
笑／在我黑亮的眼眸／神祕的輕紗之後／笑成一朵薔薇般的夏
娃……」

　　他的詩多感性灑脱，如《流浪而死》裡，「死亡」絕不是平
凡老邁，而是要像流星飛逝般，用盡最後一絲力氣，為夜空留下
一抹璀璨絢爛：

　　「吾愛，我不死於老邁／我將死於流浪的山脈／我不死於老
邁／我將死於漂泊的塵埃／讓黃昏深埋／在空間去來……」

　　在《紅海之濱到死海之畔》一詩中，他巧妙地將「現代、歷
史」、「紅海、死海」、「阿拉伯、以色列」等概念對比併陳，從摩
西劈開的紅海，飛到流著奶與蜜的死海之濱，暗喻著一段飄泊浪

漫的革新之旅：

「自燈火燦爛的紅海／飛回聖經傳奇的年代／自紅海的新娘藝術的都城／飛向約旦王國的古老滄桑／從死海之濱／遠望以色列的雲山蒼蒼……」

綜觀飛白的詩，早年有「落魄江湖載酒行」（《遣懷》杜牧）的放浪，中年時期則是「江闊雲低斷雁叫西風」（《虞美人》蔣捷）的流離滄桑，到現在「秋盡江南草未凋」（《寄揚州韓綽判官》杜牧）的曠達開悟；讀飛白的詩，最好帶上一本神話辭典，因為詩中引用了大量中東、希臘的傳說神話名稱，一旦陷入五里霧之中，就減損了你欣賞詩人瑰麗行旅的風采。

「詩農」陳福成的詩

福成是個勤於筆耕的奇人，用「著作等身」來描述他近兩百本的創作，是小覷了他後續的創作能量。他是台大少數的碩士教官，溫文儒雅的舉止，掩飾著他嫉惡如仇的性格；他的文筆爽朗通順，一如他直腸不阿的脾氣。

福成寫了半個世紀的詩，誠如其自敘：「美其名曰『詩』。其實只不過記錄一些人生心得，打發漫長的人生歲月……」福成至今已寫了幾萬首詩，出版了幾十本詩集；他的詩題材廣泛，形式多樣，從軍旅、兵法、到遊記，心情札記等，語言平易通俗，由於他日日寫詩，按時植句，筆耕不綴，故可稱他為「詩農」。

綜觀福成的詩作，早期的詩多言志，好細琢詩句，如《長城頌》一詩中，詩人反複吟唱「長城活了」，歌頌民族的復甦：

「長城活了／巨龍醒了／祖靈的回聲／保持靜肅，聽／就在二十一世紀／神龍自神州大地飛騰……」

他以捍衛道統、反奸抗獨為己任，頗有韓愈諫迎佛骨的士大夫氣慨：「欲為聖明除弊事，肯將衰朽惜殘年」（《左遷至藍關示

侄孫湘》)。

　　近年他的詩已不像年輕時的刻苦琢磨，許是駕馭文字的功夫
深了，有點隨意甚至敷衍，直抒胸臆，在《王府井大街》一詩中，
福成由景入情，由今入昔「過宋元明清」，以時空穿梭「回到漢
唐」，來探訪北京大街：

　　「……住在這裡的人都稱王／喝著井裡的長生不老泉水
／……走進這條街／心情很快回到古典／走幾步／有的人就過宋
元明清／有人走進時空隧道／竟回到漢唐……」

　　老詩人面對美景，少了吟哦詠歎的傷感，多了些憂國憂民的
愁緒，可謂「老去詩篇渾漫與，春來花鳥莫深愁。」(《江上值水
如海勢聊短述》杜甫)。

　　福成的詩信手拈來，清新舒放，你可以泡杯茶，好整以暇，
讓詩人帶你故國神遊，看看天壇、雍和宮、什剎海，再逛逛王府
井大街、煙袋斜街胡同，然後吃吃北京烤鴨、狗不理包子，你可
以發覺，原來讀詩也可以瀟瀟灑灑、遊歷八方。

「女詩仙」莊雲惠的詩

　　雲惠是多才多藝的藝術家，她寫詩，在詩壇得獎無數，她寫
散文，出過好幾本散文集，她也畫水彩，開過個人畫展，然後她
把這幾種專長揉合，又出了幾本水彩詩畫集及水彩散文畫集，你
以為這樣子就夠她忙的了，不，她還要每年抽出空來出國旅遊兩
趟，這簡直要讓99%的人痛恨起自己的白開水人生，這就是雲惠。

　　雲惠的詩像是一篇篇的散文，隨性所至隨意而止，她的詩既
脫胎於散文，又以水彩加工，透過畫面來表達，故她的詩淡雅深
情、柔若絲絨，若以「女詩仙」來稱呼，庶幾近之。

　　在她的詩裡，總能找到如水彩畫般的畫面，如《偕行曲》一
詩中，以「一抹霞彩」與「一縷清輝」的水彩技巧，來描述黃昏

月下的偕行愉悅：「與你偕行／是詩／是歌／是向晚的一抹霞彩
／暗夜的一縷清輝……」；而在《走進春天》一詩中，她以「楓
葉羞紅」與「金燦笑靨」的對比，來描述深秋的春意：「……楓葉
羞紅了臉／與陽光約會／藏不住的愛意／綻開金燦燦的笑
靨……」；此詩滿紙笑意，一派秋金燦燦、春情融融的景象，可堪
比擬李清照的《蝶戀花》「柳眼梅腮，已覺春心動」的纖細情愫。

　　又如《續愛》中，以靜止的「膠結琥珀」對比動感的「蔓延
藤蘿」，來比喻推拒逐愛的畫面：「……膠結如陳年琥珀／纏綿如
蔓延藤蘿／悠悠長情／時而寧若秋夜／陶然神醉／復而動若起波
／躍然心馳……」；此詞取景寓情，融寫景、抒情於一體，以秋
夜為背景，歌詠女子對愛情的陶醉嚮往。頗有「願妾身為紅菡
萏……，隨風逐雨長來」（《漁家傲》歐陽修）的親密情愫。

　　雲惠的詩無關世俗功利，也不涉民族大義，故無須太多理性
思辯，只要帶著賞畫般的悠閒心情，一步步走進他的水彩詩中。

結　語

　　五位詩人從當年的風華正茂，到現在收拾旅枕殘夢，年輕的
激越、中年的沉潛、老年的曠達，在詩集裡都能找到。

　　詩集竣工了，這本詩集並不是五位詩人交給造化的期末報
告，而只是期中作業，儘管人生勞頓、餘生有限，人間行旅卻還
未走到盡頭，詩人們相約把袖續寫人生：「但優遊卒歲，且鬥尊
前。」（《沁園春》蘇軾），姑且舉杯鬥酒，以詩閒樂終年，在此期
待下一本「人間行旅續集」的登場。